DEGAS
TEXTE DE GEORGES GRAPPE

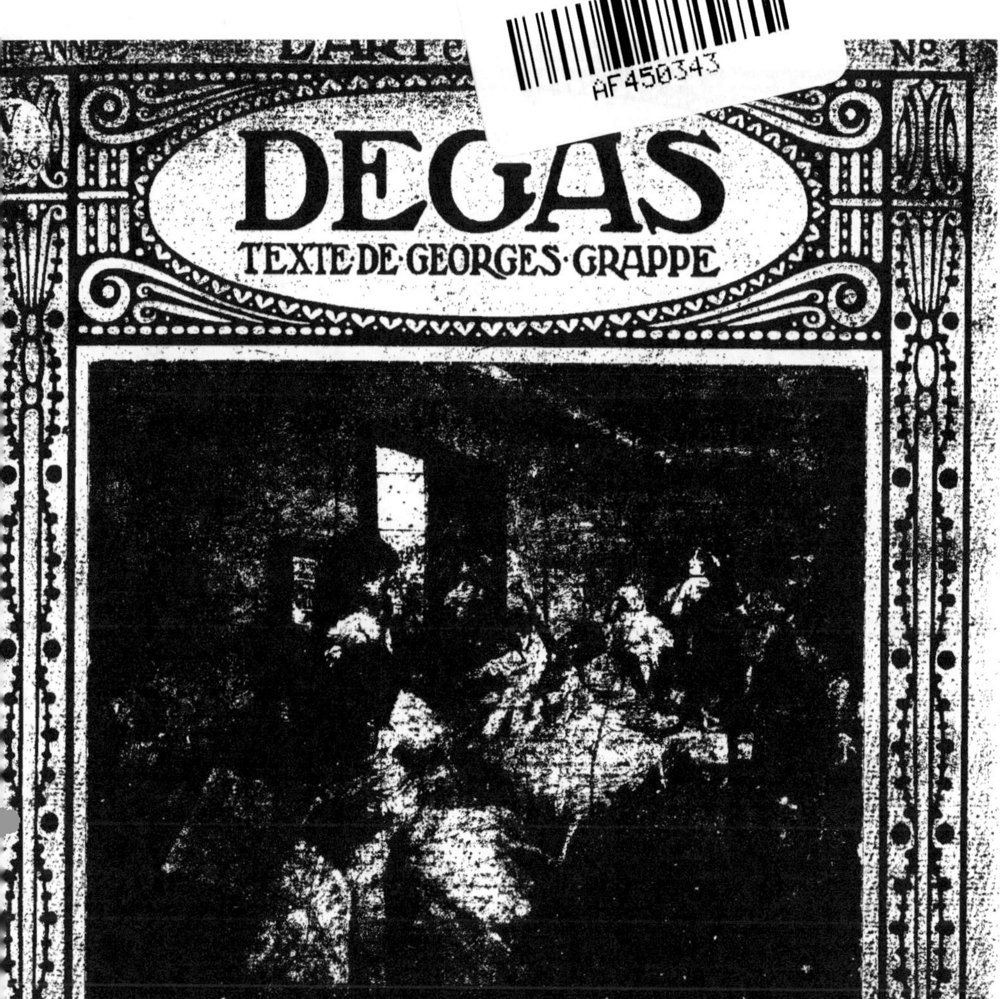

Librairie
Artistique
Littéraire
Paris

Procné

L'ART ET LE BEAU

TROISIÈME ANNÉE

VOLUME I: EDGAR DEGAS

L'ART ET LE BEAU

Programme de la troisième année:

E. M. DEGAS. Texte de Georges Grappe
LOVIS CORINTH. Texte de Rudolf Klein
WILLIAM HOGARTH. Texte de Edward Hutton
FRITZ BÖHLE. Texte de Rudolf Klein
VIEUX MAÎTRES ANGLAIS (Exposition de l'Art
de la Vieille Angleterre, Berlin 1908). Texte de
Fritz Stahl
FRANC. GOYA. Texte de Gustave Kahn
HODLER ET LES SUISSES. Texte de Rudolf Klein
EUGÈNE DELACROIX. Texte de Camille Mauclair
JAMES WHISTLER. Texte de Edward Hutton
ADOLPHE OBERLÄNDER. Texte de Rudolf Klein
IGNACIO ZULOAGA. Texte de Gustave Kahn
ALFRED STEVENS. Texte de Mac Coll

Les numéros de l'Art et le Beau seront
livrés sous carton à la cuve au prix
de 6 frc., sous toile au prix de 8 frc.

Par abonnement à 3 numéros

le prix sera réduit à 5,50 et à 7,50 frc. le numéro

Par abonnement à 6 numéros

le prix sera réduit à 5,00 et à 7,00 frc. le numéro

Il sera imprimé, en outre, 100 exemplaires de chaque numéro
au prix de 25 frc.; le texte sur papier à la cuve, les dessins
sur papier de grand luxe, le toute relié en vrai parchemin.

EDGAR DEGAS

EDGAR DEGAS
PAR GEORGES GRAPPE

UN PLANCHE EN QUATRE COU-
LEURS, 6 DESSINS SUR PAPIER MAT
DE GRAND LUXE, 54 ILLUSTRA-
TIONS TEINTÉES ET 1 GRAVURE

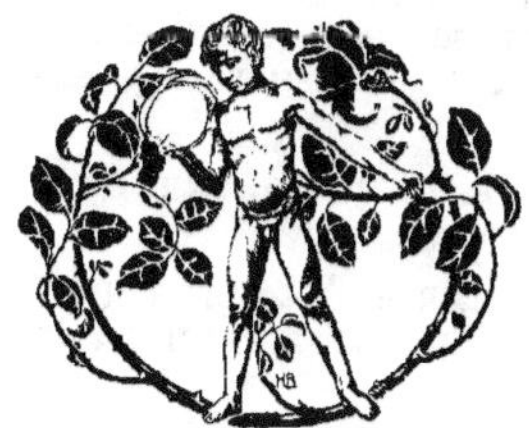

LIBRAIRIE ARTISTIQUE ET LITTÉRAIRE
65, RUE DU BAC, PARIS

IMPRIMERIE DE LA LIBRAIRIE
ARTISTIQUE ET LITTÉRAIRE, PARIS

L'IMPRIMEUR-GÉRANT: G. COUSTAL

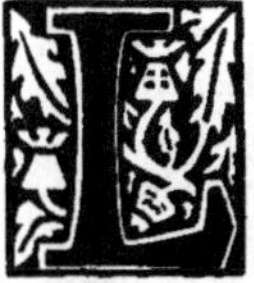

a destinée de ce peintre est une des plus curieuses qui soient, au XIXe siècle. Un grand maître classique, formé à l'école de Ingres, l'admirant avant tous autres maîtres, s'enrôlant volontairement sous la bannière révolutionnaire des Impressionnistes; un esprit philosophique, exécutant des oeuvres impersonnelles, en se défendant de les influencer de ses idées; un dessinateur admirable, amoureux de la couleur, conciliant ses deux passions, sans qu'elles se fassent ni l'une ni l'autre de ces concessions qui annihilent leur force réciproque; un artiste, qui eut dû fonder une grande école et qui n'a pas eu un véritable disciple, telle est l'aventure de M. Degas, qui est peut-être, probablement même, le plus grand peintre vivant de notre époque.

I.

M. Edgar Degas est né le 19 juillet 1834. Nous donnons cette date parce qu'elle est d'importance pour le critique qui veut étudier l'histoire de l'art, au XIX siècle. Elle est, parmi les dix qu'il sera essentiel à celui-là de retenir: elle n'inaugure rien-aucune naissance n'inaugure-mais elle est l'indice d'un nouvel avenir. Si l'on songe qu'avec deux ou trois épisodes, elle est tout ce que nous savons de la vie de M. Degas, qui ne voulut se faire connaître que par son oeuvre, on comprendra mieux tout le sentiment de respect qui nous pénètre, à reconnaître cette discrétion du grand artiste envers le public.

Il dut se former faire son éducation, sans grand souci des leçons, de l'Ecole. Vraisemblablement, il y fréquenta, au moins un temps, comme tous ses camarades, mais, dès le début, ce fut évidemment sans enthousiasme-peu après avec un dédain non dissimulé. L'artiste qui eut toute sa vie le mépris des poncifs, thème habituel de l'enseignement académique, se choisit à soi-même ses guides, prit contact par la visite du Louvre et l'observation, avec ses vrais maîtres et sa vocation, voyagea quelque temps en Italie, pour s'imprégner du meilleur de la tradition. Avant même de fréquenter les futurs chefs du mouvement impressioniste, ses pairs, il reconnut, sans souci du goût contemporain,

6

ses idées — cette involontaire „philosophie de l'art" que chaque peintre élabore, plus ou moins consciemment d'ailleurs — ses sujets, ni pompeux ni vulgaires, ses auteurs favoris. Et si l'on juge d'après les copies qu'il fit alors et qui sont parvenues jusqu'à nous, que ces modèles étaient Ghirlandajo, Holbein et Lawrence, on se rend mieux compte que dès les premiers pas, une puissante personnalité se révélait, en ce jeune homme.

Ces copies, d'une vérité étrange, d'une ressemblance, à ce point parfaite qu'elle nous trouble, montrent la solidité des études de M. Degas et nous font comprendre l'intelligence, tout à la fois minutieuse et large, de cet esprit, capable de réincarner l'âme de maîtres aussi différents, de recréer des métiers aussi divers, de s'assimiler les techniques d'écoles aussi opposées. L'Italie des quattrocentistes, l'Allemagne d'Holbein, l'Angleterre des plus parfaits portraitistes, sont tour à tour ressuscitées jusqu'à nous faire chercher les originaux. Et sans doute, on dira peut-être que d'autres artistes ont réalisé un même prodige et recommencé avec une même habileté des chefs-d'oeuvre, sans atteindre jamais eux-mêmes jusqu'à l'originalité et la maîtrise, mais c'est le propre des plus grands peintres d'avoir, avant d'inventer eux-mêmes, refait la route de leurs ainés, recréé les merveilles de leurs prédécesseurs.

Puis, ici se place un voyage aux Etats-Unis-à peu près vers le temps de la guerre des Nordistes contre les Sudistes. L'analyste qui veut fournir quelques repères à cette étude, consacrée essentiellement à la description d'une oeuvre, sans documents aucuns, est obligé de s'en tenir à une approximation. Il eut été sans doute curieux de connaître les impressions de M. Degas sur ces pays nouveaux et si différents du nôtre encore, à ce moment. Le choix d'un tel itinéraire, le goût de continents aussi peu susceptibles d'enrichir une culture d'artiste, suffit à faire comprendre, à confirmer dans l'opinion d'une très forte personnalité. Dans des climats aussi doux, en ces décors de Floride et de Virginie, luxuriants et lumineux, l'oeil du peintre s'accoutuma évidemment à des notations d'une vérité, vraie jusqu'à la crudité, jusqu'à provoquer l'étonnement et la colère même. A cet égard, le *Bureau d'un magasin de cotons* à *la Nouvelle-Orléans* supplée à toutes les impressions de voyage, à toutes les confidences. C'est évidemment,

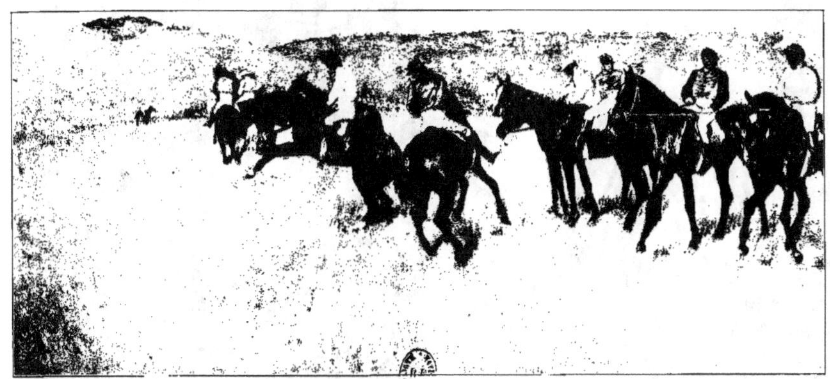

AVANT LA DÉPART   VOR DEM START   BEFORE THE START

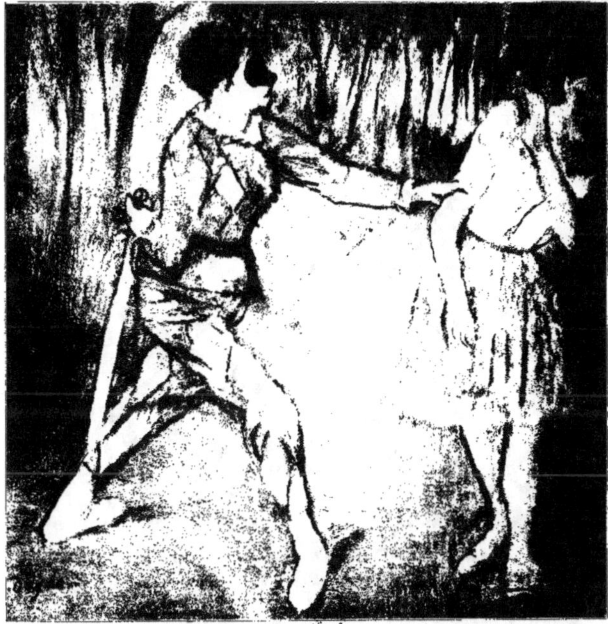

ARLEQUIN ET COLOMBINE   HARLEKIN UND COLOMBINE   HARLEQUIN AND COLOMBINE

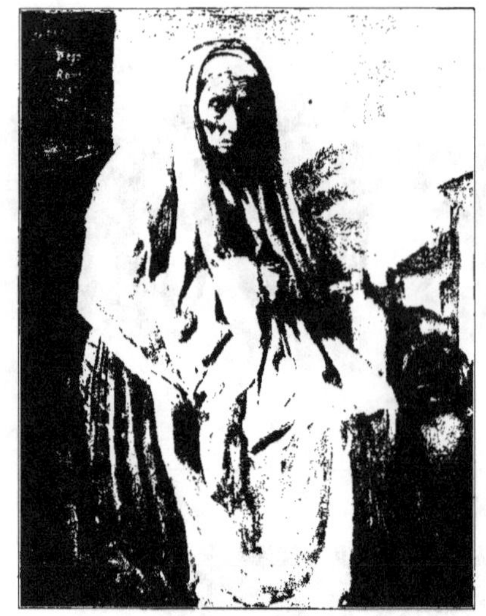

VIEILLE FEMME   ALTE FRAU   OLD WOMAN

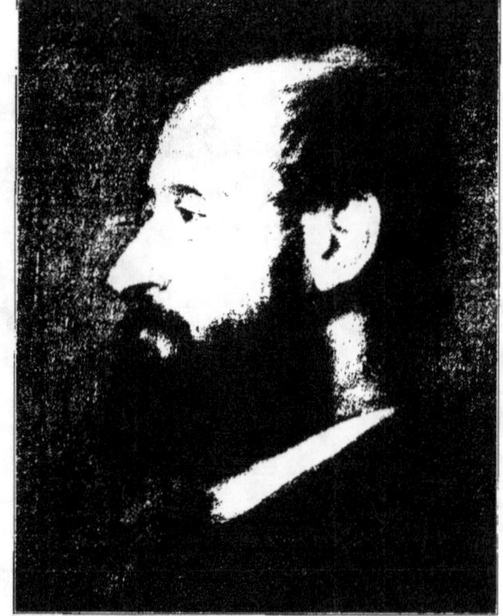

PORTRAIT MR. ALTÉS

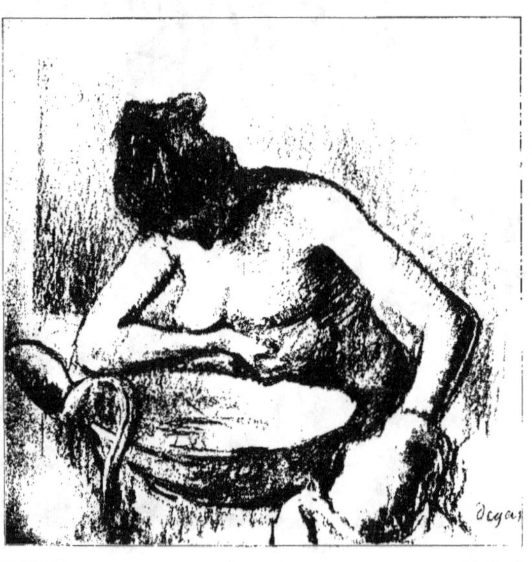

LA TOILETTE   TOILETTE   THE TOILET

dans ces pays de pleine clarté que M. Degas, incité déjà par son inclination personnelle, son tempérament, ses préférences parmi les maîtres, son goût pour le dessin et le fusain, réalise sur le grain du papier tant de prodiges, trouve ces magnifiques oppositions de noir et de blanc qui suffisent à faire de ce sujet presque anecdotique une oeuvre importante et mémorable. Les balles de cotons sont un thème merveilleux pour des variations en blanc; le noir des étoffes s'oppose harmonieusement et fortement: et le décor joue lui-même en nuances autour de ces teintes décisives.

Ce voyage est, tout à la fois, dans la vie artistique de M. Degas, un épisode et une date. Au retour, sans pose aucune, sans user de cet avantage, il se remet à l'étude. Parmi ses camarades d'âge, il rejoint sa place. Les discussions juvéniles vont leur cours. Fougueusement, il reprend sa tâche. Il dessine plus encore qu'il ne peint. Il dessine, en disciple épris de tous les grands maîtres, amoureux d'une ligne ou d'un modelé; personne n'est plus classique que lui, mais classique avec intelligence et indépendance. Avec Gustave Moreau, il raisonne des modèles éternels de beauté. Il les analyse, avant de tenter des synthèses personnelles et modernes. Pour lui, — comme pour les Parnassiens d'ailleurs, ses contemporains, artistes moins puissants mais aussi probes — l'oeuvre d'art est celle que l'on accomplit religieusement, sans passion, sans laisser paraître au moins la plus légère émotion. Un dessin contient en lui toute sa vitalité, suggère toutes les pensées, toutes les sensations possibles et n'a pas à faire appel à de faciles émotivités.

Cependant, M. Degas n'eut pas été le beau tempérament d'artiste que nous admirons si, à cette époque de sa vie, il n'eût espéré la gloire et le triomphe de son esthétique. En compagnie des jeunes qui, comme lui, étaient dédaignés des jurys lorsqu'ils présentaient leurs premières oeuvres, il forma un groupe de mécontents, non pas encore de maîtres mécontents et dédaigneux à leur tour, mais d'élèves obstinés dans leurs conceptions nouvelles.

C'est ainsi qu'un certain nombre de jeunes gens-il y avait parmi eux Manet, Renoir, Claude Monet, Lhermitte, Desboutin, Fantin, Guillaume Régamey, Legros, Cazin-se réunissaient vers 1865 au Café Guerbois, sur l'avenue de Clichy, à peu près tous les soirs de la semaine pour discuter d'esthétique. Zola venait assez irrégulièrement, mêlant aux théories picturales ses conceptions naturalistes. Pissarro, Astruc, Whistler, Stevens participaient souvent aux discussions.

Cette école des Batignolles-c'était le nom que les gens des Beaux-Arts donnaient volontiers, très dédaigneusement, à ces nouveaux venus brûlait néanmoins de se manifester devant le public. On tenta d'exposer au Salon et à l'Exposition de 1867. Manet était déjà un maître, aux yeux de ses camarades. Lorsque, refusé, il réunit, dès 1867, ses oeuvres à l'Avenue de l'Alma, dans une exposition particulière, parmi les cinquante numéros qu'il rassemblait, il y avait eux des chefs-d'oeuvre. D'un autre côté, Degas, qui par son tempérament heurtait moins brutalement le goût des professeurs, avait déjà donné ses copies d'après les grands classiques, des études solides et originales, son *Magasin de cotons à la Nouvelle-Orléans*, sa *Vieille mendiante* — toutes oeuvres un peu austères, affirmant une personnalité, traitées avec la rigueur et la vigueur consciencieuse d'un classique. Participant des conceptions de ses camarades, de Manet et des plus jeunes, il voulut partager leur ostracisme. Indifférent au sort que l'on aurait pu faire, tôt ou tard, à son classicisme, il prit fait et cause pour eux, se fit révolutionnaire par amour des tentatives et des rénovations, aussi bien fin que esprit d'opposition, par horreur de l'incompréhension bourgeoise. Il abandonna une carrière facile pour courir le grand hasard de se présenter au verdict du public. En compagnie des impressionnistes, il exposa alors un certain nombre de ses oeuvres, rue Lepelletier. La raillerie ou l'indifférence montrèrent à ces chercheurs quelle vanité et quelle illusion avaient présidé à leur tentative.

C'est ici que finit la vie publique de M. Edgar Degas. A partir de ce moment, il a compris l'inutilité de pareils efforts. Désormais, insoucieux des diplômes, des médailles et du public, il regagne „la tour d'ivoire" et ne songe qu'à son labeur, méprisant à l'égard des jugements que peuvent porter sur lui, aussi bien les mandarins que la foule. Pêle-mêle, il dédaigne les peintres en faveur, la critique patentée et le public moutonnier. Confiant en lui-même, il se remet au travail, sûr que son

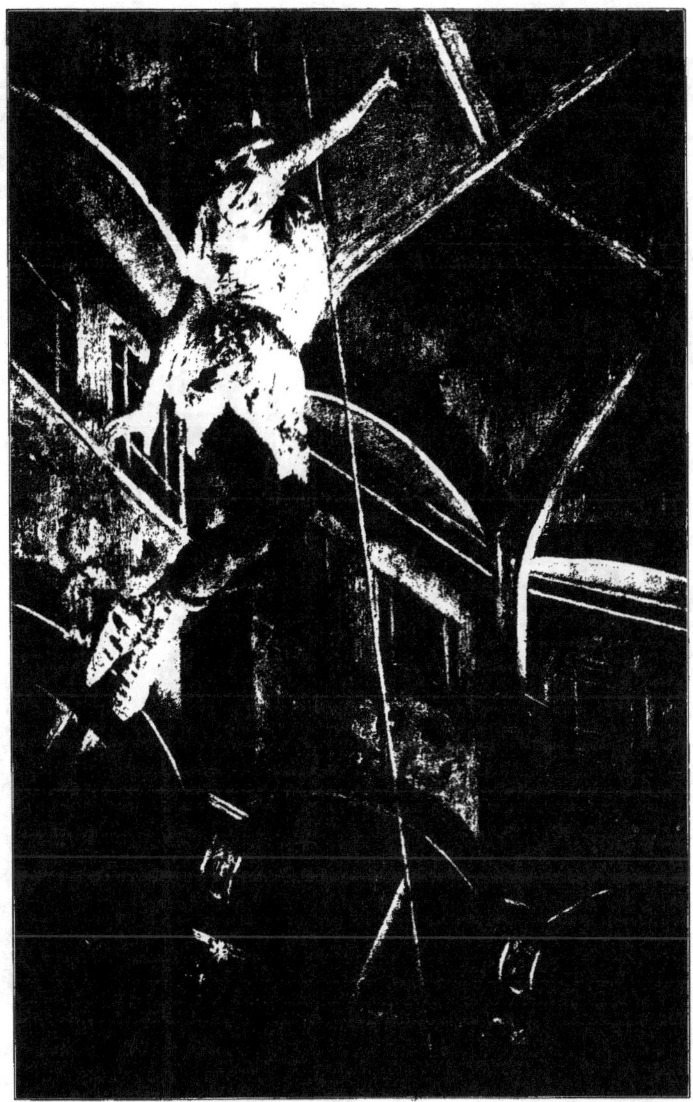

MISS LALÀ AU CIRQUE FERNANDO   MISS LALA IM FERNANDO-CIRCUS   MISS LALA AT THE FERNANDO CIRCUS

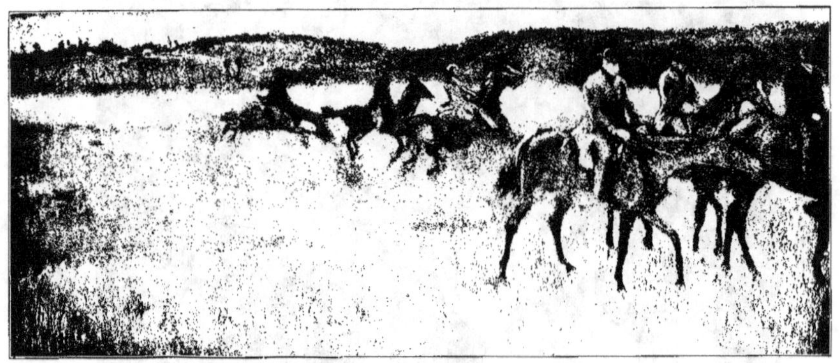

LES ENTRAINEURS   DIE TRAINER   THE TRAINERS

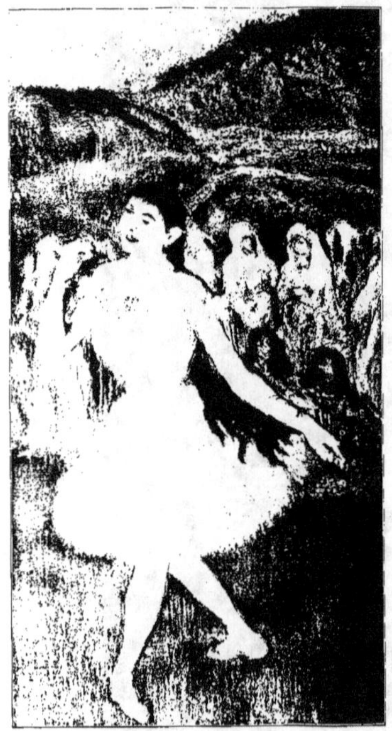

DANSEUSES ROSES
TÄNZERINNEN IN ROSA
DANCING GIRLS IN PINK

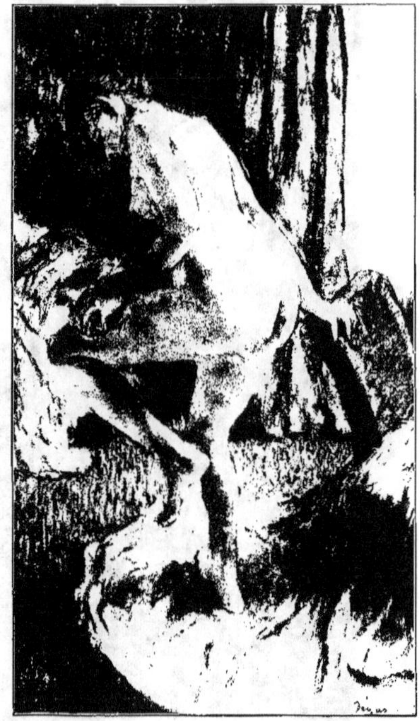

LE BAIN   DAS BAD   THE BATH

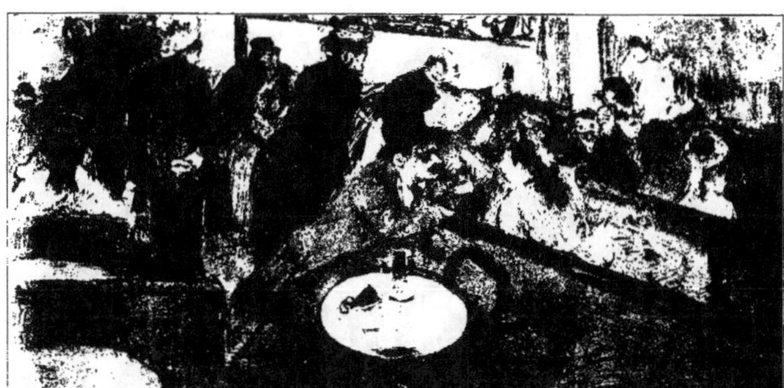

CAFÉ-CONCERT   VARIÉTÉ   VARIETY

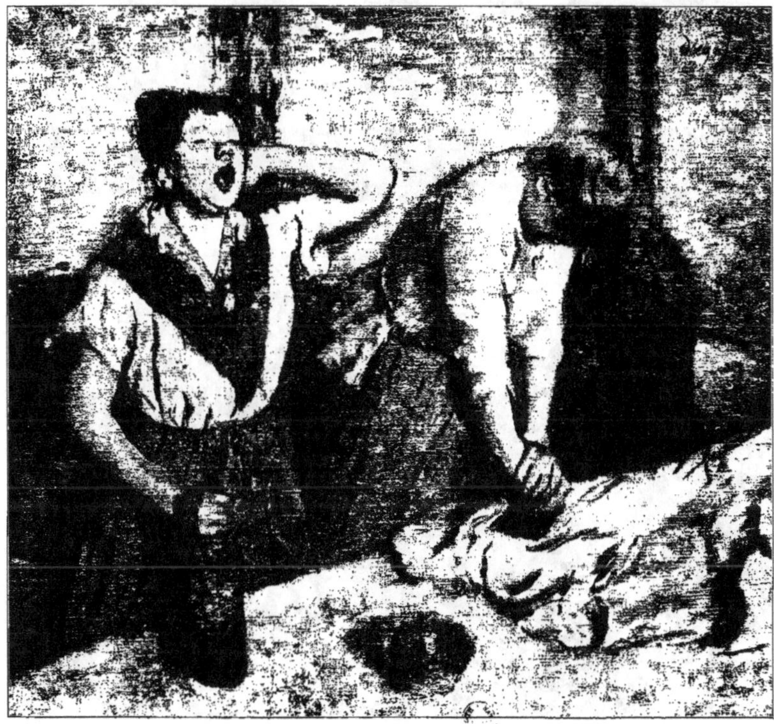

LES BLANCHISSEUSES   DIE WÄSCHERINNEN   THE LAUNDRESSES

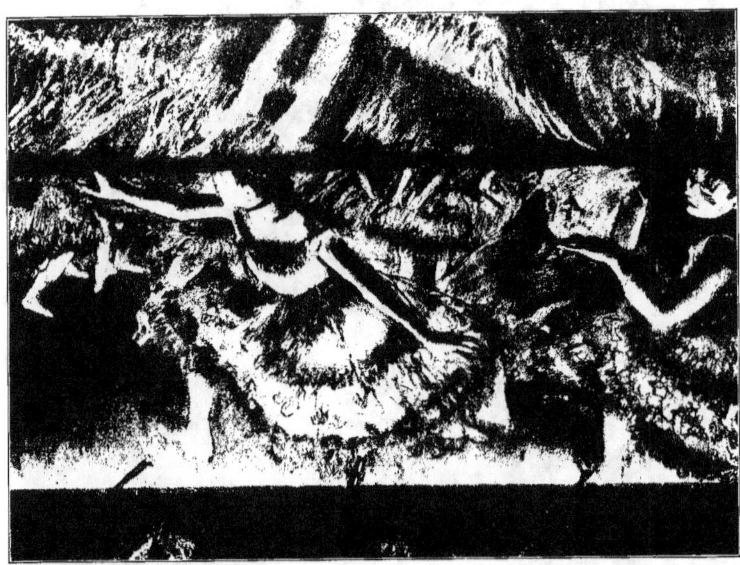

LE BAISSER DU RIDEAU   DER VORHANG FÄLLT   DROPPING THE CURTAIN

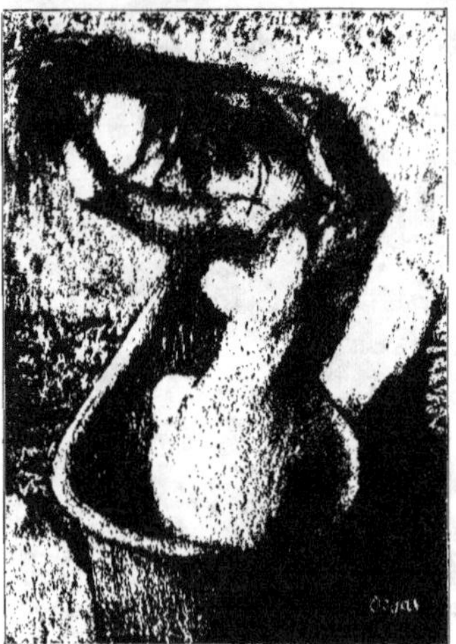

FEMME SE COIFFANT APRÈS LE BAIN
FRISIEREN NACH DEM BADE • • • •
COMBING AFTER THE BATH • • • •

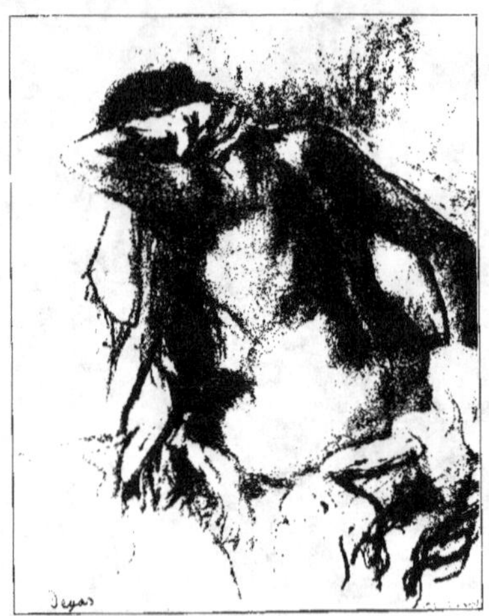

TORSE DE FEMME S'ESSUYANT • • • •
RUMPF EINER FRAU BEIM ABTROCKNEN
TRUNK OF A WOMAN WIPING HERSELF

heure viendra, assuré de la seule réalité de la probité. L'homme disparaît et même à l'heure de la gloire, il ne reparaîtra pas. Nul ne peut se vanter d'avoir pris une interview à M. Degas. Sauf quelques familiers, choisis parmi les jeunes artistes, doués d'une originalité véritable et d'un coeur sincère, personne ne pénètre l'intimité du grand peintre. Et c'est un des grands honneurs de sa vie qu'aucun gouvernement n'ait osé le décorer, pour avoir si longtemps méconnu sa grande valeur et sa conscience admirable.

II.

Les scènes du Turf.

L'oeuvre de M. Degas se distribue volontiers en séries. Ce peintre, insoucieux de plaire au public par l'anecdote, chercha toujours en effet, à travers une des plus copieuses productions de ce temps, à concrétiser, grâce à quelques modèles de parfaite synthèse, une loi ou un phénomène. La série consacrée à l'étude du Turf, par delà l'apparence, constitue une très minutieuse étude de plein air, en même temps qu'elle est la première prise de contact de l'artiste avec l'expression du mouvement.

En fait, dès le seuil de cet essai, il convient d'indiquer ce trait essentiel du tempérament artistique de M. Degas: la passion du mouvement. A cet instant actuel de sa vie, où toute la courbe de son oeuvre semble bien à peu près entièrement décrite, lorsqu'on feuillette les albums qui rassemblent la reproduction de ses pastels, de ses dessins ou de ses toiles, on se rend compte que la grande fièvre de sa vie fut de saisir les gestes humains, la mobilité des êtres vivants, évoluant dans la lumière, et au gré de la lumière.

Avant tout épris de l'art du dessin, essentiellement dessinateur, ayant toujours traité la peinture dans ses rapports avec le dessin, il a voulu fixer, *sub specie æterni,* ces lignes harmonieuses, belles en elles-mêmes, qui s'inscrivent un moment dans l'espace et se renouvellent à l'infini. Il n'y a pas eu de mouvement pour le laisser indifférent. Aucun, si vulgaire fût-il, ne lui a paru méprisable. En lui donnant un sens très personnel, il a semblé adopter pour sa devise le vers mélancolique et profond d'Alfred de Vigny:

Aimez ce que jamais on ne verra deux fois.

Qu'il ait eu à traiter des chevaux de courses et des jockeys, des entraîneurs, tout ce monde qui évolue sur les pelouses, dans les paddocks, aux champs d'entraînement, s'agitant, s'ébrouant, caracolant ou galopant dans l'air pur du printemps ou de l'été, dans les paysages charmants et verts réservés aux turfs; qu'il ait décrit des danseuses à l'étude, dans le jour cru des salles dénudées où répètent les classes des ballets ou dans la pénombre des pièces mal appropriées et lointaines, refuge des choryphées à l'heure du travail; qu'il ait saisi les attitudes des femmes dans l'intimité de leur toilette, à la sortie du bain ou nonchalamment abandonnées au délassement du tub, qu'il se soit intéressé aux gestes pesants et balancés des blanchisseuses, tanguant sur le fer qui glace le linge, partout et avant tout, son souci — mieux même, son instinct — lui a donné comme motif essentiel de son oeuvre, le mouvement à surprendre.

Ce don suffirait pour le faire apparaître à l'avenir comme un merveilleux répertoire de documents humains, comme le plus prodigieux recueil de gestes qu'ait jamais rassemblé un génie. Et n'eût-il sa maîtrise même, que ce serait déjà pour lui, un titre suffisant de gloire, devant les esthétiques futures.

Mais en fait, il y a mieux dans son labeur. Lorsqu'on reprend chacune de ces séries, on s'en rend un compte de plus en plus net. Lorsqu'il commença à peindre ces oeuvres consacrées à l'analyse du monde des courses, il libérait sa personnalité, à la fois des enseignements divers qu'il avait reçus, et des influences que la camaraderie nous impose toujours, plus ou moins fortement, à un moment de notre formation. De lui-même, il avait réagi contre l'école. Il lui fut plus malaisé d'adapter à son tempérament, d'approprier à sa nature ces théories encore confuses et par trop générales que les impressionnistes avaient formulées, avant tout par instinct. De nature peu expansive, timide, assez défiant de lui-même, trop psychologue pour ne pas comprendre que de médiocres contemporains ne permettent pas de con-

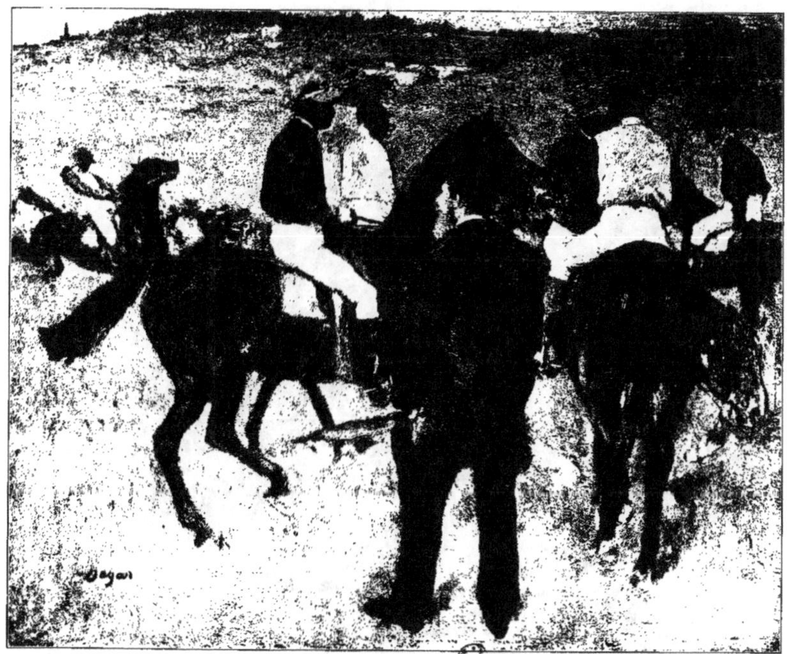

LES CHEVAUX DE COURSES DIE RENNPFERDE THE RACE HORSES

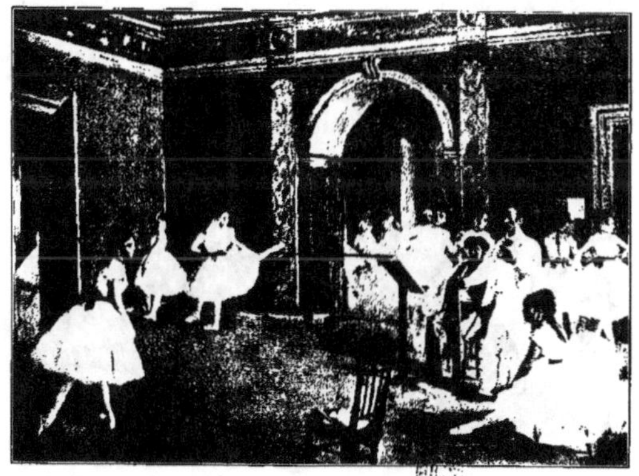

FOYER DE LA DANSE À L'OPERA • • • •
DAS FOYER DER TÄNZER IM OPERNHAUS
THE DANCER'S FOYER AT THE OPERA •

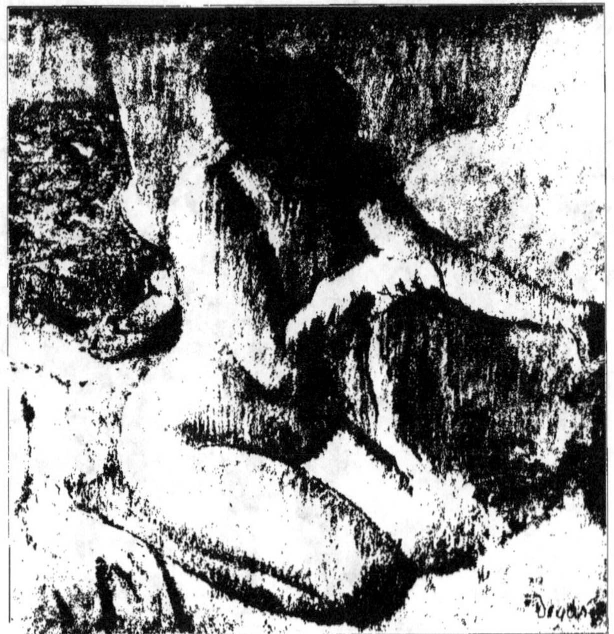

LA SORTIE DU BAIN   NACH DEM BADE   FROM BATHING

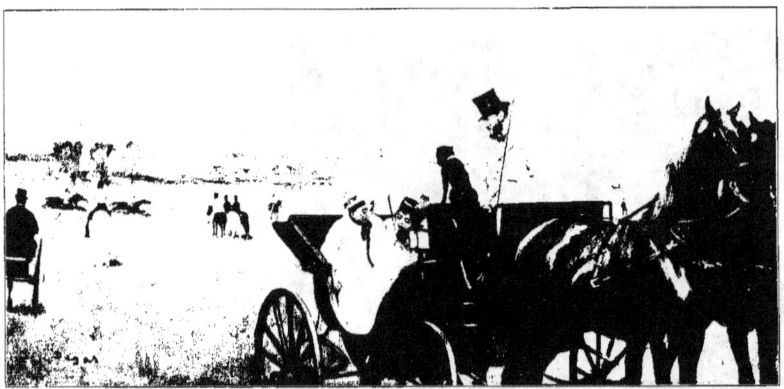

VOITURES AUX COURSES   WAGEN AUF DER RENNBAHN   CARRIAGES AT HORSERACES

damner des écoles ayant produit des chefs-d'oeuvre, il oscillait, hésitait et se retrouvait tour à tour attaché aux deux conceptions. Par le dessin, il demeurait relié à la fois au passé et à l'avenir. Les scènes du Turf, au cours desquelles se dégage son art personnel, revèlent de façon curieuse cette hésitation et l'achèvement de cette libération.

Ces premières oeuvres, telles qu'elles sont, n'en demeurent pas moins des oeuvres définitives. Et l'on pourrait presque dire, que dans „l'histoire littéraire de la peinture française", elles ont une importance décisive. Si l'on se reporte, en effet, au temps où elles furent exécutées, on reconnaît assez vite que, malgré la révolution esthétique accomplie par les romantiques, si brutalement judicieuse, si audacieuse à certains égards, on avait conservé en France au moins, des préjugés, des habitudes, des traditions pompeusement timides, qui guindaient les génies les plus libres et les pliaient à un classicisme de sujets, hors duquel il n'était point, persistait-on à affirmer, de salut. La nature rarement, l'homme quelquefois, dans les portraits-encore fallait-il compter avec la „disposition" du personnage-l'histoire le plus souvent, fournissaient les thèmes des oeuvres. La leçon de l'école, transmise depuis la Renaissance, peu à peu affadie et devenue procédé, pesait sur les originalités naissantes et les détournait des voies nouvelles, où elles eussent pu s'engager. La Bible, les Histoires grecques et romaines, jusqu'à Géricault et Delacroix avaient paru les seules „matières" dignes d'être traitées par le pinceau. Dès que l'on abordait l'anecdode contemporaine, c'était pour la traiter comme au XVIII⁻, plus en anecdote qu' en étude. La série des „Courses" de M. Degas, les oeuvres de Manet furent, à ce point de vue, aussi audacieuses que *l'Entrée des Croisés à Constantinople* et les toiles des premiers romantiques.

Sans doute, parmi les tableaux d'Horace Vernet et de Géricault, on trouve bien quelques scènes de courses. Mais, malgré l'habileté de l'un et le très grand talent de l'autre, aucun de ces deux artistes n'a traité avec sincérité, avec vérité, ces scènes. Elles prennent plus ou moins sous leur pinceau une apparence d'estampes anglaises. Ces tableaux sont des toiles d'atelier, composées conventionellement, pour l'effet plaisant. L'amble allongé symétriquement des chevaux, les gestes des jockeys, conduisant à la cravache, penchés sur l'encolure de la bête, dans un mouvement faux, le paysage sans lumière, étalé, d'un vert monotone et sans chlorophyle, tout le décor sans air, toute la scène sans composition personnelle, voilà les toiles faciles, faites pour séduire un public bon enfant, qu'exécutèrent ces peintres de l'âge précédent. L'originalité de M. Degas a consisté à traiter avec bravoure, sans romanesque, ces mêmes motifs.

Il faudrait reprendre toutes ces pages, une à une, les feuilleter, pour les étudier dans le détail, pour suivre la progression de cette étude consciencieuse. Les ,,*Entraîneurs*", les ,,*Chevaux de course*", ,,*Avant la course*", ,,*Aux courses, avant le départ*", ,,*l'Entraînement*" marquent les phases de ce travail d'analyse minutieuse, puissamment synthétisé par l'artiste, à l'heure où il a eu son sujet tout à fait dans l'oeil. D'innombrables mouvements ont été saisis dans leur instantanéité, avant d'être fixés sur la toile. Le cheval qui caracole à la sortie du paddock, danse au galop d'essai, capricieux; qui vient s'aligner, malaisément cabré ou bondissant, près de ceux qui, patiemment, attendent le départ; le geste du jockey, surpris par la vivacité de l'écart ou bien, ayant solidement en main sa bête, la ramassant d'un mouvement nerveux des cuisses ou la ressaisissant en plein désarroi; l'air las, le regard morne de l'être glabre, sur qui sont braquées des milliers de lorgnettes fièvreusement serrées, gris sous la casaque soyeuse, aux couleurs rayonnantes dans la lumière, tout cela est noté avec une acuité de vision, une probité d'observation à peu près uniques. Le dessin de tous ces mouvements est d'une telle exactitude qu'il semble avoir été exécuté avec la rapidité du geste lui-même. Le trait est d'une netteté et d'une continuité si harmonieuses qu'il semble envelopper dans une arabesque définitive, l'homme et le cheval, évoquant la grâce nerveuse des cavaliers sculptés aux frontons athéniens . . .

Mais, de même que ce dessin est d'une liberté admirable, qu'il est la vie même; et qu'à lui seul il suffirait presque à nous donner l'illusion de la couleur, de même, la qualité de la peinture de M. Degas nous déconcerte et suscite des rapprochements avec les meilleurs maîtres. La conscience et l'instinct de cet artiste ne lui permettent pas les procédés faciles, les mélanges adroits, qui dénaturent les teintes franches

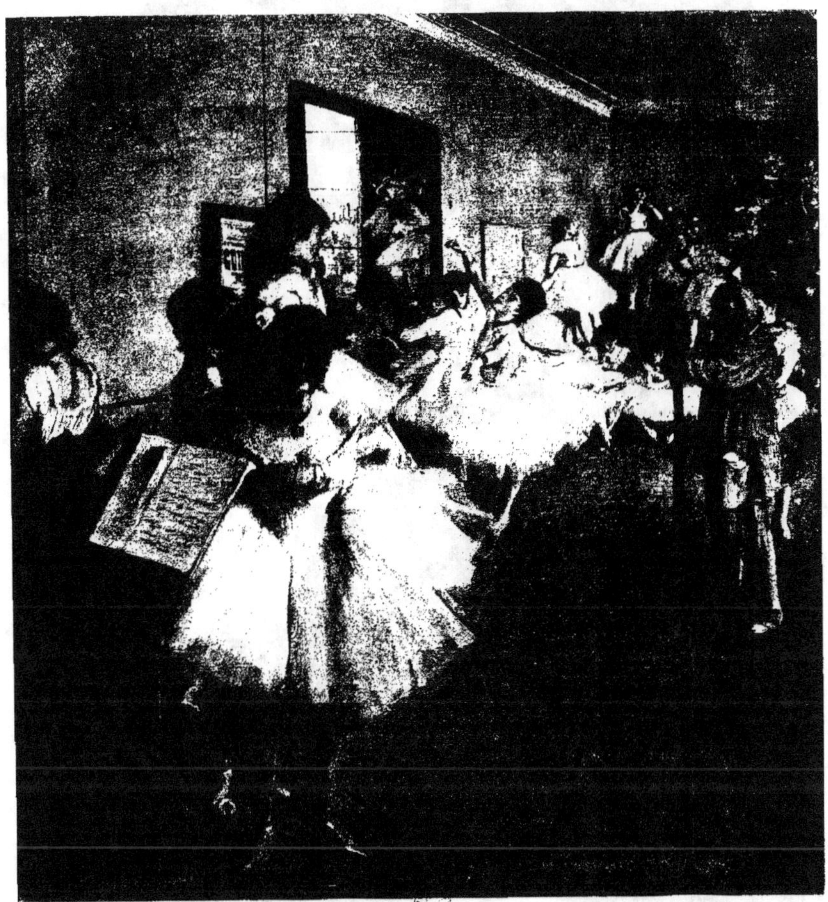

LE FOYER DE LA DANSE   DAS FOYER DER TANZSCHULE   THE DANCER'S FOYER

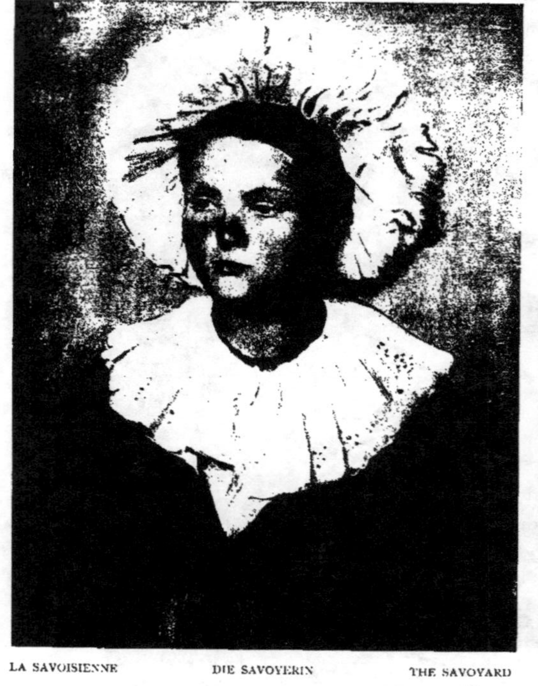

LA SAVOISIENNE   DIE SAVOYERIN   THE SAVOYARD

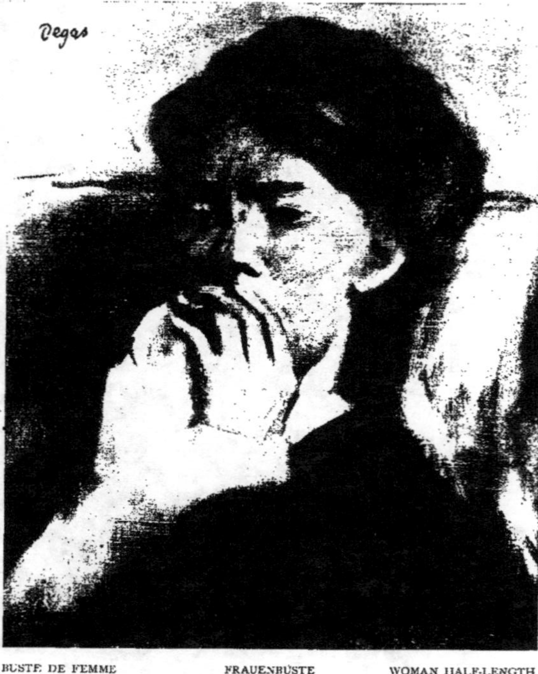

BUSTE DE FEMME   FRAUENBÜSTE   WOMAN HALF-LENGTH

et ne laissent aucune vérité, aucune fraîcheur aux tons. Le grand art de M. Degas, dès sa série des „Courses“ — art qu'il ne cessera de développer par la suite — est de continuer à dessiner, pinceau en main-ou pour mieux parler, d'unir par la conjonction des tons comme par la combinaison des lignes, ces deux arts du dessin et de la peinture, qui devraient toujours se renforcer en l'artiste, au lieu de se combattre et de se nuire, comme cela a lieu le plus souvent. Avec un rien de matière, effleurant la toile, il arrive à des rendus admirables, son pinceau semble se charger à peine de couleur, paraît à peine oser une touche et cependant, tant sa connaissance des valeurs est tranquille; le moindre fragment de gazon, les lointains du champ de course, la robe lustrée des chevaux, l'éclat des casaques [les blancs sont d'une solidité remarquable et d'une finesse de grand maître] traité de la sorte, légèrement et par petite touche, s'élargit prend du relief, se situe, met de l'air partout, donne l'importance d'une oeuvre définitive à l'anecdote choisie.

III.

Les danseuses.

Mais M. Degas est un artiste trop vigoureux, un dessinateur trop maître de son art pour n'avoir pas été attiré invinciblement vers la description du corps humain-qui permet la joie des plus belles arabesques. Ayant acquis, par la grâce de cette série des „Courses“, la pleine aisance de son talent, il va donner désormais l'oeuvre de sa maturité "Les Danseuses, les Blanchisseuses et les Femmes à la toilette".

Ces nouveaux sujets correspondent, nettement d'ailleurs, au goût de ce peintre qui, dès ses premières toiles, a choisi, comme thème essentiel de son oeuvre la description des moeurs contemporaines et qui traita, dès sa série des Courses, ces motifs renouvelés avec une sincérité de conteur, corroborant l'oeuvre des réalistes du roman. Ils permettent en même temps à ce pessimiste, tout en respectant la vérité, de donner libre cours à son ironie très amère et de montrer que derrière la façade de nos décors, le sortilège de la beauté féminine, réside l'illusion, maîtresse suprême et ridicule de la vie. Enfin, nul autre motif ne peut lui fournir, aussi bien que l'agilité de la danseuse, que l'abandon de la femme, dans son intimité, l'occasion d'étudier le mouvement humain.

Avec l'innombrable suite des Danseuses, M. Degas délaisse, pour ainsi dire, la peinture à l'huile: il ne la reprendra guère que pour traiter certains portraits, certains sujets de plein air. Il adopte le pastel-qui est d'ailleurs encore une manière de crayon — et qui satisfait son inclination, de plus en plus marquée *à dessiner non par le contour, mais par le modelé.* Pour le noir, les dessins et les taches des pastels, il ne se sert que du crayon gras, et il obtient dans la couleur, sans maquillage, par un métier très personnel, toutes ses nuances, tous ses effets de lumière, d'étoffe et de chair avec les pastels.

Ce procédé, à étudier de près, est des plus curieux. Aucun artiste, à aucune époque de l'histoire de l'art, n'a plus fortement asservi la matière à son idéal. La couleur et le grain du papier prennent de l'importance par sa fantaisie et d'ailleurs ce métier, très personnel, ne fait que se perfectionner à cette époque. A ses débuts mêmes, alors qu'il rêvait de grandes compositions sur Babylone, il travaillait déjà dans de telles conditions. Les esquisses que publia M. Manzi, voici quelques années, témoignent en ce sens. Mais du jour où il s'adonna presque entièrement au pastel, il fit concourir tous les éléments dont il disposait, à réaliser jusqu'au prodige, sa vision personnelle. Il créa, pour ainsi dire, un secret, devant lequel on demeure inquiet. On cherche vainement les éléments qui le constituent. On voit bien l'effet; on peut même assez aisément reconstituer la marche du travail, les matériaux, les procédés qui ont servi: hachures, pulvérisation de pastel, juxtaposition de traits gras ou à peine indiqués, et cependant, on demeure confondu, dans la stupéfaction et l'admiration.

La série des „Danseuses" est certainement l'oeuvre la plus connue de M. Degas. Est-ce le pastel du Luxembourg, *La Danseuse-étoile* appartenant au don Caillebotte, qui a popularisé cette suite de dessins et de pastels? Est-ce le sujet, plus aimé des Parisiens et de cette entité vague, qu'on appelle le grand public? Sont-ce les disciples et les imitateurs du grand artiste, ayant repris le thème, les Forain, les Toulouse-Lautrec, les Renoir et les Louis Legrand, qui ont forcé à rappeler qu'il est le

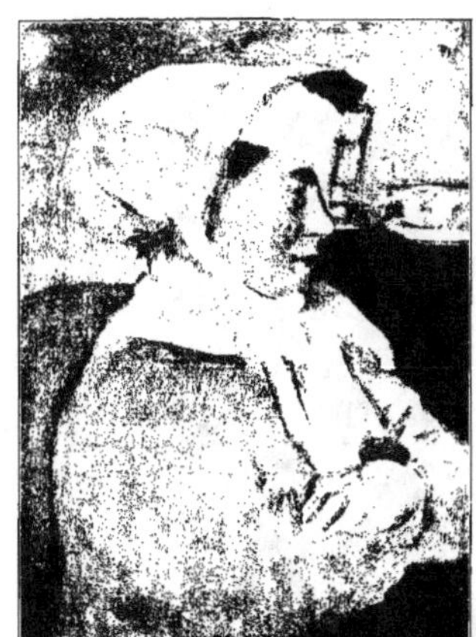

LA FEMME AU BANDEAU o o o o o o
DIE FRAU MIT DEM STIRNBAND o o o
THE WOMAN WITH THE HEAD-BAND

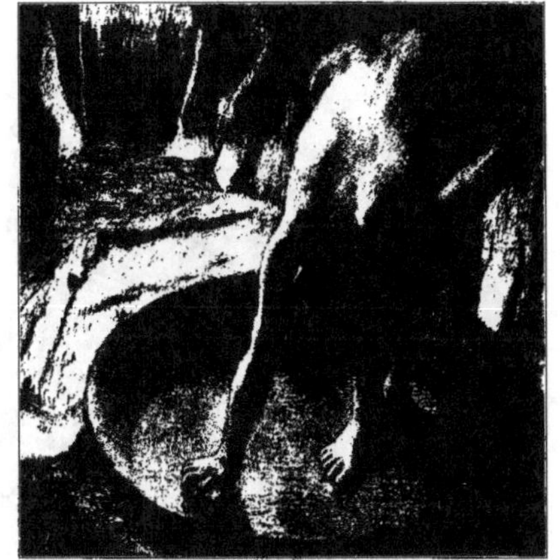

FEMME AU TUB o o o o o o o
FRAU MIT TUBE o o o o o o o
THE WOMAN WITH THE TUB

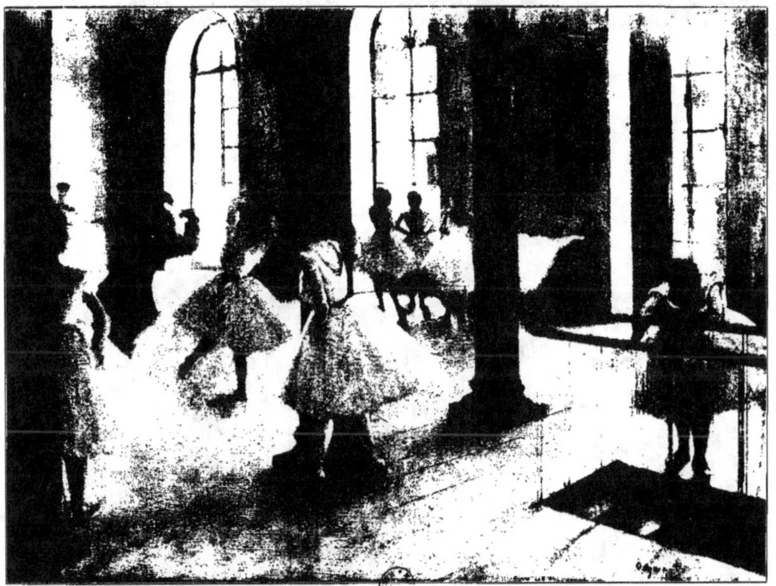

LA RÉPÉTITION AU FOYER DE LA DANSE   PROBE IM FOYER DER TÄNZER   REHEARSAL IN THE DANCER'S FOYER

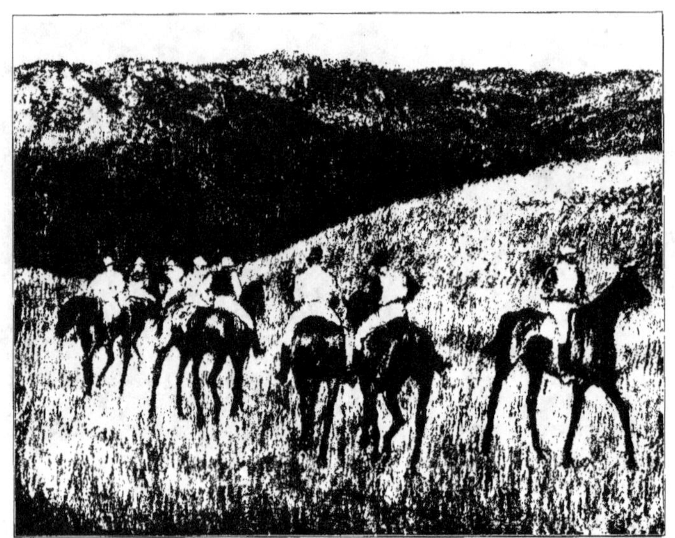

L'ENTRAINEMENT   TRAINING   TRAINING

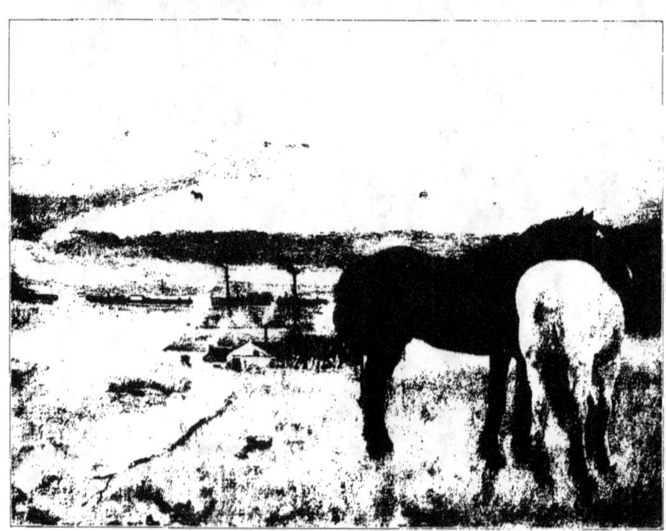

CHEVAUX DANS LA PRAIRIE   PFERDE AUF DER WIESE   HORSES IN THE PASTURE

premier du genre à tous les points de vue. On ne saurait le dire avec exactitude. Mais, en vérité, tout le monde, dès qu'on prononce le nom de M. Degas, se donne des petits airs de connaissance, en citant cette partie de son oeuvre.

Cette suite est à la fois, charmante et puissante. Elle continue la tradition des maîtres du XVIIIe, qui évoquaient la Guimard ou Mademoiselle Duthé, qui fixaient par la sanguine ou la peinture, les grâces de la danse, les gestes admirables de l'illusion. Peut-être cependant faut-il attribuer une autre cause au sentiment qui fit choisir à M. Degas, ce sujet.

S'il est vraiment le continuateur de Watteau, de Lancret et de Fragonard par la science, il ne participe en aucune façon des âmes libertines, sensuelles et insouciantes de ces peintres. Comme nous l'indiquions-et il serait indiscret à l'égard d'un artiste, de faire plus que de l'indiquer-la philosophie qui se dégage de l'oeuvre de M. Degas est celle d'un désabusé. Amoureux des contours, des formes et surtout du mouvement, il s'est attaché à cette étude, parce qu'elle lui offrait un des thèmes les plus abondants et les plus propices. Mais, en même temps, sincère, de toutes ces études qu'un de ces maîtres que j'évoquais tout à l'heure eût idéalisé de sa fantaisie et de son libertinage pour en composer des toiles où la danse eût apparu dans sa grâce, il a peut-être voulu montrer la pitoyable chose qu'était un de ces corps de ballet, si romanesquement admiré. Il a présenté la danseuse comme elle est, comme l'eussent sans doute présentée, au cours d'un de leurs romans, les Goncourt.

C'est pourquoi cette oeuvre qui eût pu être facile, apparaît forte, austère et triste-et ces deux adjectifs pourraient résumer l'oeuvre toute entière de cet artiste. Il y a, dans ces croquis, ces études, ces pastels, tout le roman du „petit rat" et de la danseuse, écrit dans une langue admirable, avec un réalisme émouvant.

Le pastel, intitulé: *La famille Mante* pourrait servir de prologue à cette histoire. Voici la mère, une pauvre femme, aux prises avec l'implacable vie matérielle. Elle amène son enfant à la leçon. La petite est en costume de travail — un pauvre tutu qui s'élargit, au-dessus de ses cuisses frêles et maigres. Aucune grâce ne se dégage de ce corps gracile. Nul sourire sur ce petit visage chlorotique, qui semble plutôt ennuyé, prêt à se couvrir de larmes. L'autre petite fille est en noir, comme la mère. Elle aussi paraît triste, chrysalide qui n'est même pas assez avancée pour se préparer à devenir l'adorable papillon, qui voltigera aux lumières de la scène.... Dans les yeux sans expression, sur son petit corps sans harmonie, pèse déjà la destinée. Elle sait qu'elle aussi, un jour, bientôt, elle revêtira la jupe courte.

Puis, voici la leçon... Les adolescentes sont là, dans les salles dénudées, uniquement meublées, aux murs, de quelques barres, pour l'assouplissement. Un arrosoir traîne dans un coin, qui abattra tout à l'heure, de sa pluie légère, la poussière soulevée par le mouvement. C'est l'exercice et le repos tour à tour. Un jour crû, blafard, impitoyable, tombe sur ces visages sans maquillage. Il accuse les tares qu'imprime la vie sur les traits des êtres qui veillent. Peu de chignons. Des nattes barrent les épaules osseuses, à peine formées. La chair des nuques est jaune; les gorges sont maigres et ce n'est pas cette pauvre coquetterie d'un petit velours autour du cou qui distraira le regard. Le tutu lui-même, le corselet sont fanés; c'est le vêtement de travail d'où dépasse le caleçon hideux, fait pour se prêter à toutes les torsions. Le maillot est grossier; le petit chausson quelconque, usé noir — parfois une simple pantoufle...

On ne voit pas le professeur, mais un joueur de violon préside aux évolutions. Le regard lointain, blasé, souffreteux on le sent, vieux cheval sans espoir qui subit son brancard, las de répéter toujours les mêmes mesures, qui scandent les mêmes figures de danse... Et de toute cette intimité professionnelle jaillit une impression de tristesse et de désillusion, qui émeut jusqu'aux larmes.....

Toutes ces enfants sont là, à tenter la pointe, à s'écarteler, à se désarticuler; le long de la barre, dans cette lumière brutale qui accuse l'effort, qui revèle les lourdes attaches plébéiennes des chevilles, qui montre les mollets musclés plus ou moins ronds, dont le maillot rembourré dissimulera au soir, l'imperfection, qui accuse les maigreurs des omoplates. Une odeur d'aisselles flotte, éparse. Elles s'efforcent, elles s'émeuvent de s'efforcer: c'est ici que l'artiste s'anime et que son crayon ou son pastel saisit le geste, l'arabesque admirable qui enchante

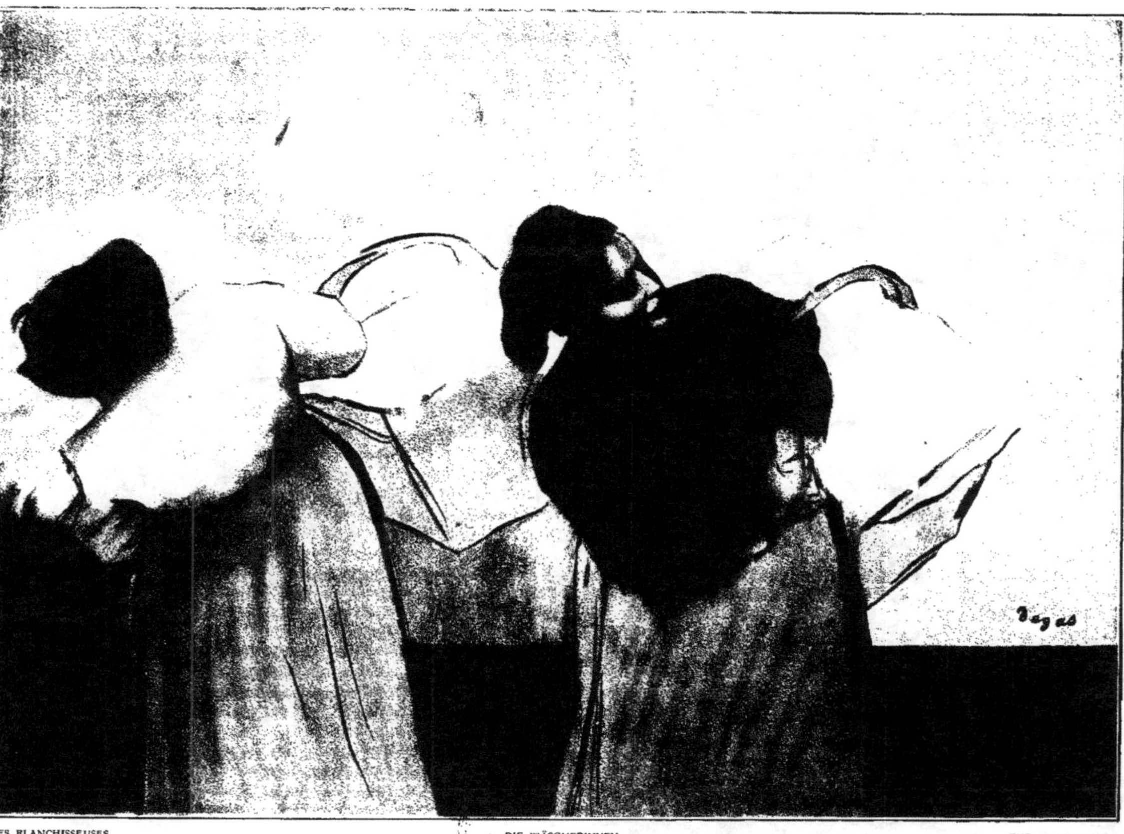

LES BLANCHISSEUSES   DIE WÄSCHERINNEN   THE LAUNDRESSES

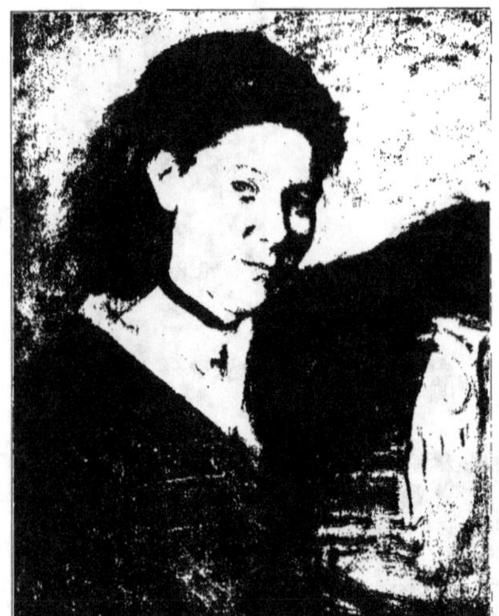

JEUNE FEMME AUX CHEVEUX ROUX
ROTHAARIGE JUNGFRAU • • • • •
RED HAIRED YOUNG WOMAN • • •

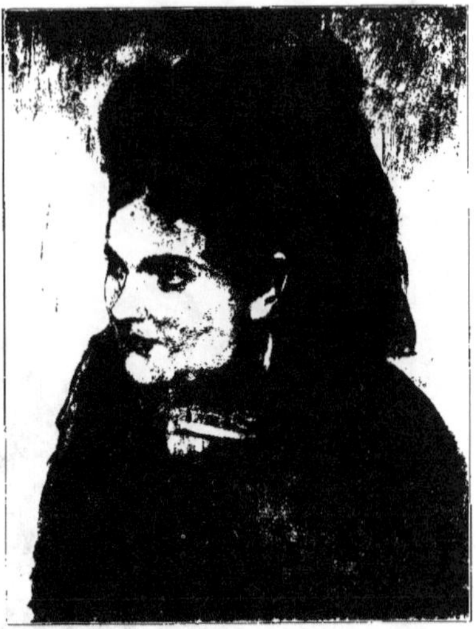

TÊTE DE FEMME
FRAUENKOPF •
WOMAN'S HEAD

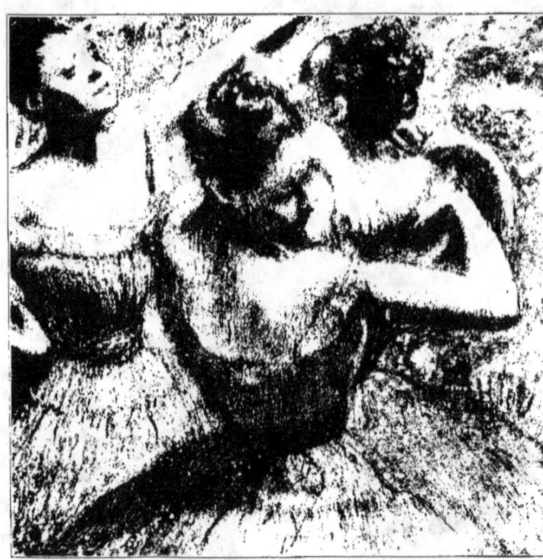

DANSEUSES • •
TÄNZERINNEN •
DANCING GIRLS

et qui contient la beauté propre, qui enveloppe toutes ces laideurs dans une harmonie consolante.

Le mouvement s'amplifie. L'éducation s'achève. Voici le corps de ballet répétant sur la scène, devant les maîtres et le directeur. Toute la brutalité des coulisses de théâtre apparaît ici. Les gestes des hommes, renversés sur leur chaise, dédaigneusement attentifs à la scène, en disent long sur ce monde. . . . . Puis le rideau va se lever. Entre les portants, sur les bancs, les petites adolescentes de jadis, devenues choryphées adulées et applaudies, attendant leur entrée en scène, et là encore, sous la lumière jaune, tombant des herses, sans ménagement, les premières danseuses qui vont être un moment, entre les frises et la rampe, comme des divinités aériennes, apparaissent, une dernière fois, telles qu'elles sont, des êtres de vulgarité, toujours las, hors la fièvre de la musique, abandonnés, taquinés de tics professionnels. L'une rattache sa sandale, penchée, les jambes écartées, dans un mouvement disgracieux du pied, désarticulé par l'exercice. L'autre, veule, les bras ballants, regarde sans penser, devant elle. . . .

Et ce serait là toute la vie de la danseuse, en tant que danseuse, si M. Degas, à la fois, pour être sincère et complet, aussi peut-être pour accuser l'amertume de cette étude, n'avait couronné cette oeuvre du pastel fameux qui est au Luxembourg, *La Danseuse Etoile.*

M. Degas n'eût pas été en effet le psychologue profond que nous admirons si, après avoir analysé la formation de la danseuse, ses manières d'être dans les salles d'études, au foyer, sa misère physiologique et morale, il eût négligé de décrire le curieux phénomène qui s'opère à son propos, dès qu'elle s'élance dans la féerie des lumières et de la musique.

Minutieux et complet, après avoir étudié le „rat“ il a présenté „l'étoile“. C'est là le thème du fameux pastel qui est au Luxembourg, dans la salle Caillebotte; *La Danseuse-Etoile* et quelques autres, d'ailleurs assez rares. Ayant pénétré le secret de la coulisse, il a repris, dans la salle, sa place de spectateur. En quelques oeuvres, étourdissantes de couleur et de mouvement, il a fixé l'impression nouvelle. Il s'est soumis à l'illusion, à l'instant même *et dans l'instant seulement* où elle se faisait vérité. Il s'est enivré des scènes d'apothéose que réserve la danse à ses prêtresses. Il a subi la vision qui s'impose et qui abolit quelques instants toute notre éducation critique.

Aux lumières de la rampe, à la chaleur de ce brasier, le point de vue se déplace en effet. Une barrière s'élève entre la réalité et le spectateur. L'harmonie enveloppe, arrache à la terre. La danseuse apparaît, papillon qui vient d'éclore dans cette fièvre, dégagée brusquement de sa chrysalide au moment d'entrer en scène. Dans l'enivrement du premier vol, dans la joie de son élan vers la clarté, elle absorbe en elle tous les rayons, tous les caprices de la lumière. Sa chair se dore aux feux de la herse; ses bras se balancent harmonieusement, comme des ailes poudrées de nuances surnaturelles, ils décrivent des arabesques, qui zèbrent d'éclairs éblouissants les verdures sombres du décor. Bacchante nouvelle, la danseuse semble possédée par le rythme. Elle se grise de son mouvement, de toutes les passions humaines amassées dans les regards crispés sur elle.

Alors que tout à l'heure, au foyer, elle demeurait, veule sur la banquette, nonchalante, courte et lourde, à jamais glacée, semblait-il, dans sa lassitude nerveuse, elle surgit, incarnation suprême de l'harmonie des gestes, et des sonorités. Elle se jette dans l'onde musicale, comme dans un fleuve magique, et bienfaisant, doux à ceux qui viennent s'y baigner, les revêtant d'une grâce et d'une jeunesse éternelles. Elle évolue légère, chaste et lascive, se cambre comme en une pamoison, se redresse libertine, prometteuse, inquiétante et cruelle, exaspère les nerfs, caresse l'âme jusqu'à l'effleurer, par delà les formes et l'espace, réalise les prodiges voluptueux et fous de nos songes. Renversée jusqu'à se briser, la voici, les seins libres et dressés, jaillis du satin et des mousselines, dans ses gazes couleur de chair, mêlés à sa chair même, et la courbe qu'elle décrit, dessine maintenant une corolle, merveilleuse et parfaite, qui grandirait dans le tourbillon insaisissable des figures, qui s'élargirait et s'épanouirait à l'infini. Ses cuisses elles-mêmes, nerveuses, fermes et luxurieuses, serrées dans le maillot de soie tendu à l'extrême, s'agitent comme des pistils longs et frêles, parmi des pétales impalpables, aux transparences nacrées. . . . Puis, l'orchestre qui semblait, sadique et

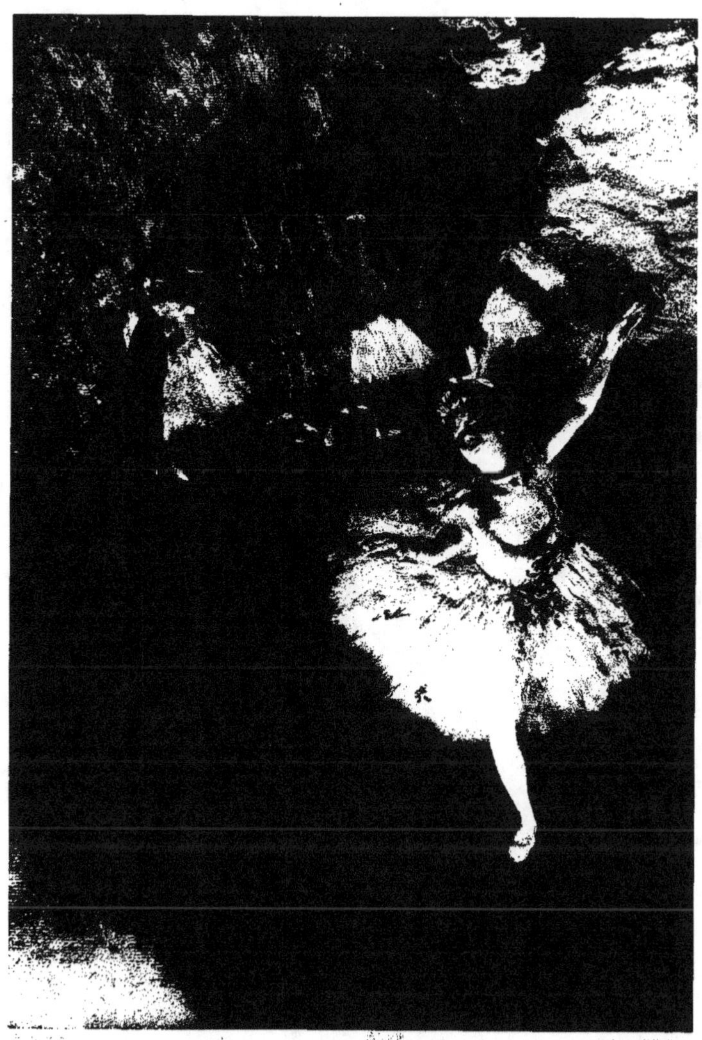

Danseuse   Dancer

Tänzerin

passionné, exaspérer jusqu'à la folie la fièvre de la ballerine, ralentit sournoisement. Les jeux des lumières, qui cadençaient le mouvement et s'harmonisaient avec lui, abandonnent la danseuse. La vision se précise, redevient humaine. Peu à peu, son corps reprend aplomb, en quelques courbes molles et alanguies. Son visage, tout à l'heure fondu dans l'unique arabesque lumineuse qu'elle formait, reparaît souriant, animé, cerné d'émoi. Et le rideau tombe, lentement, très lentement, sur le rythme expirant de la musique et de la danse. . . . . .

Oui, c'est vraiment le triomphe de l'illusion, ce ballet, une féerie aux réveils lourds et douloureux, qui laisse à ceux, ayant pénétré son mystère, comme une courbature nerveuse — celle qui suit les longues débauches. Et c'est pourquoi le génie robuste et sain de M. Degas sut résistér à son charme, après l'avoir décrit. Le pastel du Luxembourg et les quelques oeuvres où il a repris ce thème, révèlent qu'il l'a connu, mais ils ont aussi, par contraste, l'importance d'un repère décisif. Ils montrent sa méthode, la synthèse loyale qui guide son labeur, et qui va, à travers toutes les formes, que revêt la vie, sans trahir une préférence préméditée. En même temps, cette suite permet de mieux saisir la pensée profonde qui a incliné son art vers une sincérité implacable, tant soit peu déconcertante. Les visions triomphales, après les scènes mélancoliques de l'apprentissage, expliquent pourquoi le grand public a résisté. Il n'aime guère que le „joli" et se grise de tous les lyrismes frelatés. Le peintre, tranquillement, insoucieux des approbations, a fixé cet épisode de la vie de la danseuse parce que, quelques minutes, chaque soir, elle réalisait ce paradoxe sublime. Il l'a écrit, avec la même loyauté qui avait inspiré ces pages réalistes, où il la présentait aux lumières crues du jour, dans toute la vulgarité et l'état maladif de sa condition.

Ainsi, l'anecdote même cesse d'être une anecdote, du fait qu'elle est' sans souci de la monotonie, indéfiniment reprise. Il ne s'agit plus là que de fixer quelques mouvements, que de reprendre, sans lassitude, *en dessous,* un thème, pour l'amener aux abords de cette perfection, qu'on ne réalise jamais absolument.

Pour qui étudie de près cette partie, de l'oeuvre de M. Degas, l'analyse est passionnante. On se rend compte, comment, de propos délibéré,

absorbé dans ce sujet, il en a tiré tout ce qu'il était humainement possible
d'en tirer. Et même, si cette phrase n'était par certains côtés un non
sens, on pourrait dire qu'il a épuisé „la matière". Science des valeurs et
des volumes, sentiment exquis et puissant de la composition, variations,
harmonies, si franchement personnelles aux roses, aux jaunes et aux
verts, veloutés, violents, calculés toujours avec une justesse déconcertante, mouvements les plus fugitifs, il a tout cherché avec le motif des
Danseuses. Comme tous les grands artistes, il a su synthétiser dans
ses oeuvres les sentiments, les pensées les plus divers. Tour à tour
impassible, uniquement peintre, sincère jusqu'à la brutalité, indifférent
à la vulgarité morale du milieu, cruellement réaliste jusqu'à la satire la
plus virulente, spirituel, il s'est montré en d'autres instants attendri par
le geste, enthousiasmé par la richesse des coloris que lui offraient le sujet
de son étude. Et pour rendre tout cela, avec une probité peut-être unique,
en tout cas rarissime, il a utilisé tous les procédés connus, et il n'a pas
passé un seul jour sans en chercher de nouveaux. Aujourd'hui encore,
reprenant parfois cet épisode pittoresque, il le creuse et le renouvelle. Que
ce soit sur les papiers Ingres, à grains plus ou moins rudes, aux nuances
les plus imprévues ou sur la toile, plus douce, propice à certains effets,
le crayon en main, il travaille, approfondit et lutte toujours avec la
matière. A parcourir les oeuvres, qui nous l'ont révélé comme le plus
grand pastelliste que le monde ait connu, avec La Tour, on le sent aussi
troublé, aussi enthousiaste, qu'au jour où il commença le premier de
ses tableaux, en dépit de la science et de la sûreté de main acquises.
Au Foyer de la Danse, dont on connaît quelques répliques, curieuses par
les modifications incessantes apportées à la composition, à la psychologie
et aux procédés employés, „*Les Danseuses vertes*", „*Les Danseuses aux
Jupes jaunes*", „*Le Ballet de Robert-le-Diable*", „*Sur la Scène*", „*Les
Danseuses à la Toilette*", „*La Répétition d'un Ballet sur la Scène*", „*Le
Baisser du Rideau*" demeureront ainsi des chefs-d'oeuvre inimitables,
gloire suprême de l'artiste et de l'art français. Les dessins même, les
études qui ont servi à la préparation de ces pages définitives, scrupuleusement annnotés de la petite écriture fine de M. Degas, témoigneront
un jour en faveur de la tâche gigantespue, accomqlie scrupuleusement

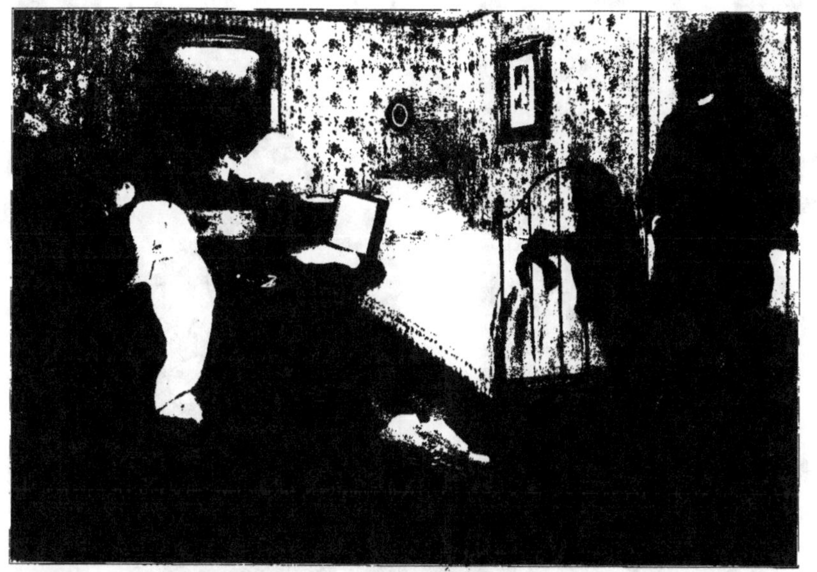

INTÉRIEUR

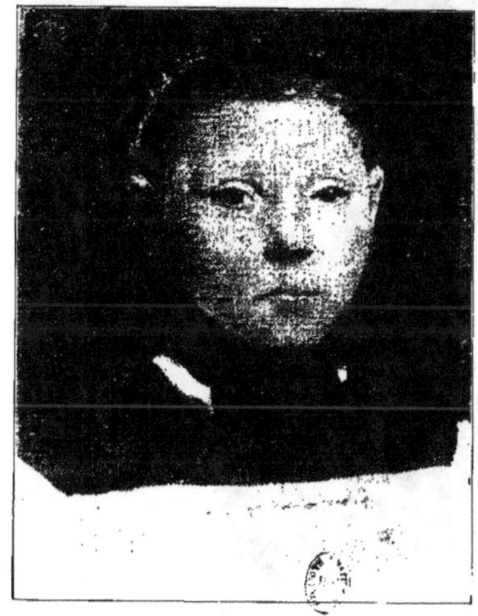

TÊTE D'ENFANT   KINDERKOPF   CHILD'S HEAD

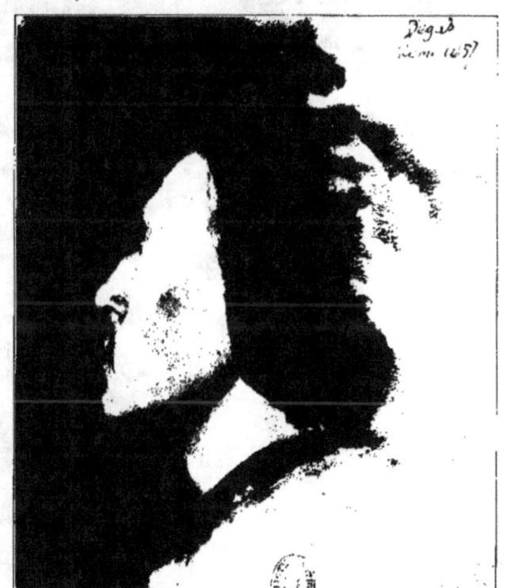

PORTRAIT DE TOURNY

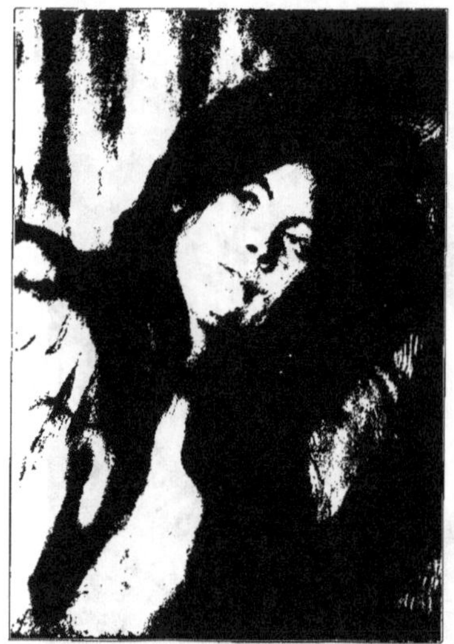

TÊTE DE Mᴸᴸᴱ DAUBIGNY
KOPF DES FRL. DAUBIGNY
HEAD OF MISS DAUBIGNY

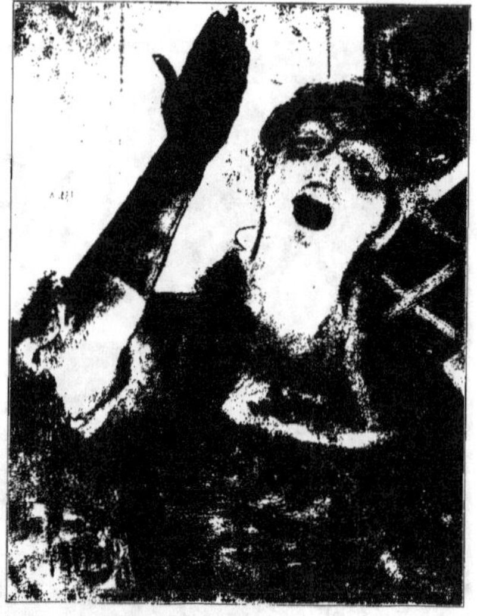

CHANTEUSE DE CAFÉ-CONCERT
SÄNGERIN ⊙ ⊙ ⊙ ⊙ ⊙ ⊙ ⊙ ⊙ ⊙
VARIETY SINGER ⊙ ⊙ ⊙ ⊙ ⊙ ⊙ ⊙ ⊙

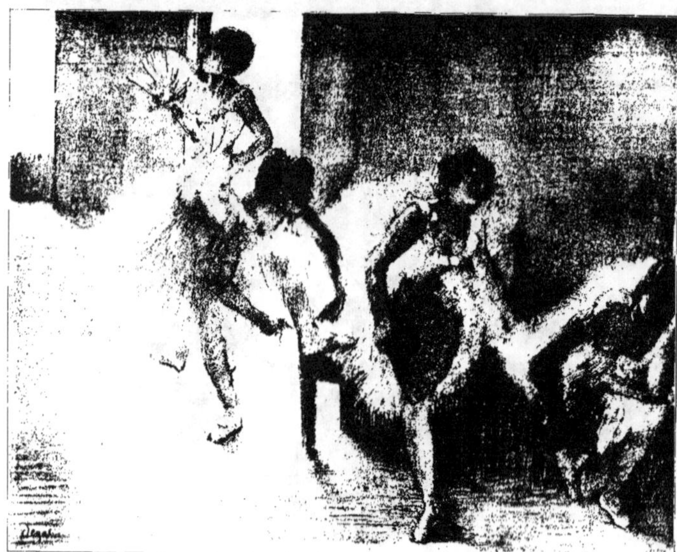

AU FOYER DE LA DANSE
IM FOYER DER TÄNZER ⊙
IN THE DANCER'S FOYER

par ce maître. Il eût put n'être qu'un Saint-Aubin. Il égale par la science, la puissance et la largeur de conception de ses petits pastels, les plus grands noms de toutes les écoles, tant anciennes que modernes.

IV.

Scènes diverses. — Les Blanchisseuses.

La série des Courses avait déjà révélé la passion de M. Degas pour les sujets modernes. Sa suite des „Danseuses" l'avait encore rendu plus évidente. Elle avait montré la hardiesse de son esthétique et la compréhension très personnelle qu'il avait de l'époque. Engagé dans la vie, parmi les Impressionnistes, il participait de leurs théories, mais, en les accueillant, il les adaptait à son tempérament. Alors qu'un Renoir, un Monet ou un Pissarro concentraient tout leur effort sur un objet à peu près unique-la volonté de rendre enfin avec sincérité les effets du plein air — pour un temps tout au moins, M. Degas s'absorbait à décrire les jeux des lumières artificielles, à la fois féeriques et cruels, les caprices des rampes de théâtres sur les chairs et sur les étoffes, la déformation qu'elles faisaient subir aux gestes de ceux qui les affrontent.

Non pas qu'il fut incapable de traiter le paysage. Une exposition qui fut faite, voici déjà un certain nombre d'années, à la Galerie Durand-Ruel a fixé notre sentiment à cet égard. Les paysages de M. Degas sont des interprétations curieuses d'un goût subtil. Mais de plus, en encadrant ses scènes des „Courses" d'un décor inévitable de nature, il avait déjà fait preuve d'un art à la fois personnel et classique, brossant des ciels lourds de chaleur, d'un bleu de paon, exquis de sérénité, des verdures lointaines, savamment graduées et nuancées, du vert tendre des gazons au vert profond des arbres. Ces morceaux, n'intervenaient d'ailleurs qu'en manière d'accessoire, si l'on peut dire: pour jouer avec la lumière transparente du plein air, l'artiste ne trouvait pas encore sa palette assez riche. D'une part, il y avait en lui une attirance invincible vers la narration des scènes de théâtre, de music-hall où de cirque, et de l'autre une exquise modestie qui l' écartait encore de la peinture des paysages.

Et puis encore, il faudrait sans doute ajouter une dernière raison à son choix. La passion de M. Degas pour le mouvement — qui restera sans doute la caractéristique de son oeuvre — s'accommodait mieux de ces sujets que de la paisible description des scènes de nature, d'une mobilité trop large pour favoriser la notation minutieuse d'une arabesque. La nature se meut, en effet, avec amplitude. Ses jeux de lumière inondent l'horizon et fournissent moins aisément l'étude des ombres violentes — ou du moins, ce n'est que par hasard, pour ainsi parler, qu'elle bute en son action, sur le visage, le corps, le costume humains. L'éclairage de la rampe, tout au contraire, est réglé de façon à mettre en valeur des attitudes et des gestes.

Pour l'observateur minutieux, celui qui ne se laisse pas aveugler par l'idée préconçue, obstinée et sentimentale de la beauté intangible de la chanteuse, de la ballerine ou de la femme de cirque, l'étude est passionnante. Les rythmes conjugués de la herse et de la rampe créent des variantes infinies de nuances nouvelles, éphémères, violentes et imprévues, d'ombres et de pénombres. Les poitrines saillent toutes bleues, sous la tombée des lumières cachées par la frise, d'un bleu épais qui se ternit, mélangé au blanc gras et à la poudre de riz, sous le rayon électrique calculé pour créer, en fonction de l'optique, l'illusion d'un décolleté marmoréen. Autour des fards, une cernure brune rôde, vacillante selon les attitudes, plus ou moins profonde dessinant impitoyablement l'ossature défectueuse des visages. Les bras, allongés démesurément dans la lumière brutale, irradiant, se marbrent de taches, zigzaguant en un dégradé imprécis, du violet au noir. L'épiderme se révèle, épaissie par le maquillage. Sur cette donnée, M. Degas, coloriste capable à la fois de synthèse et d'analyse, a composé des pages définitives.

Ses pastels, qui décrivent les anecdotes-types de ces milieux, ont ainsi tout prévu. Prenez *la Chanteuse verte*, d'une cruauté de notation si puissante, saisie en plein coeur du brasier vert, violent et indiscret. Tous les traits de ce visage sont marqués d'une ombre injurieuse. La femme apparaît, massive, la taille courte, les attaches trop fortes. La bouche, déformée par l'insanité qu'elle lance, s'agrandit, tache noire qui se déplace sur l'écran lumineux, et qui entraîne le regard. Analysez

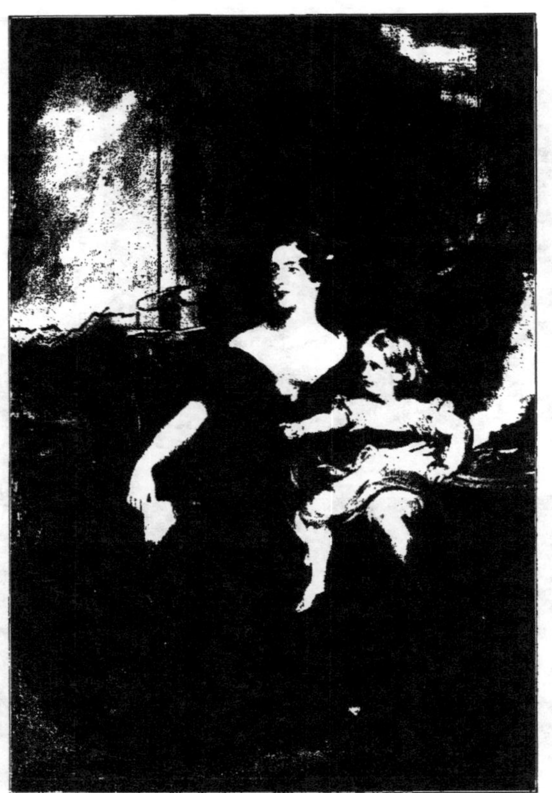

FEMME À LA LORGNETTE ° ° ° °
FRAU MIT DER LORGNETTE ° ° °
WOMAN WITH THE OPERA-GLASS

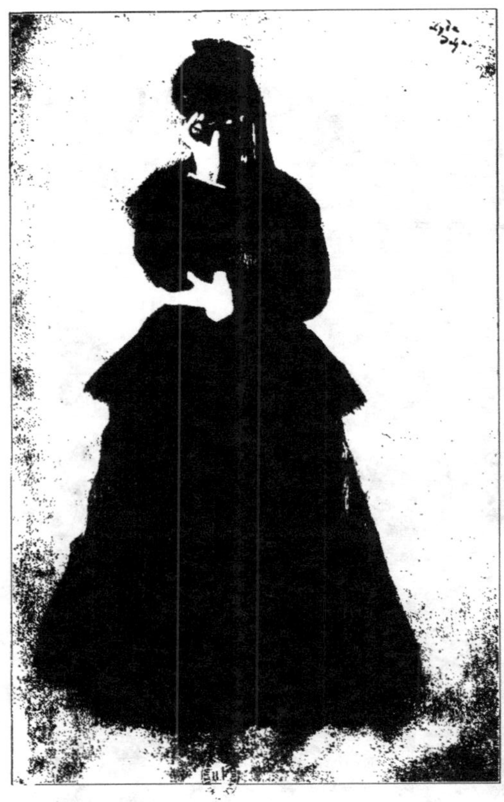

COPIE D'APRÈS LAWRENCE °
COPIE NACH LAWRENCE °
COPY AFTER LAWRENCE °

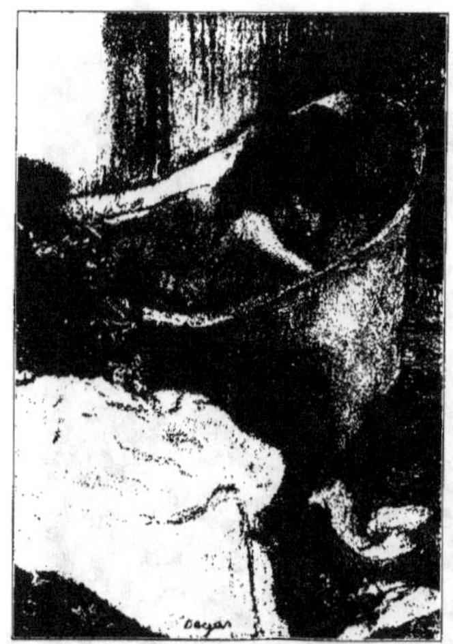

LE BAIN   DAS BAD   THE BATH

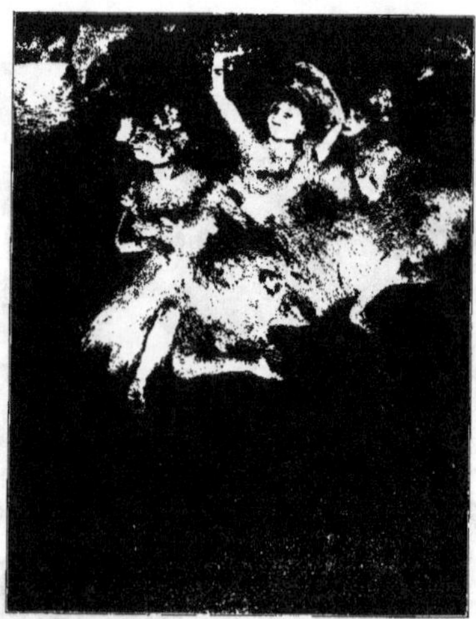

TROIS DANSEUSES   DREI TÄNZERINNEN   THREE DANCING GIRLS

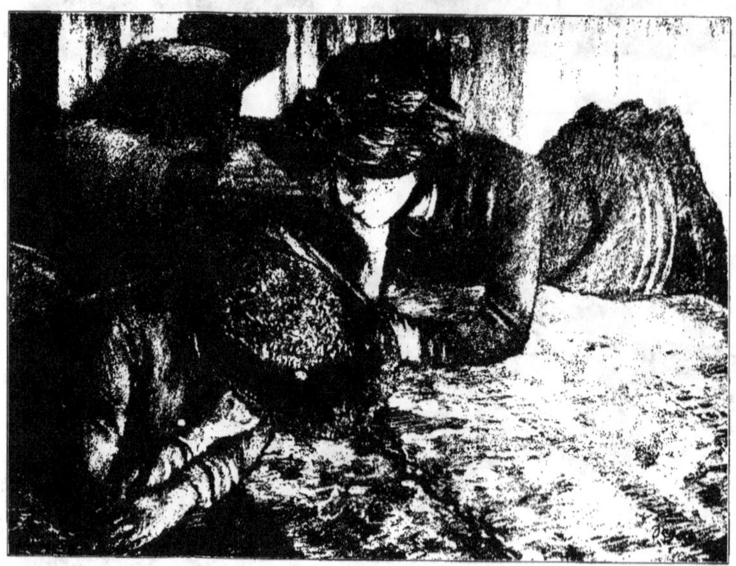

LA CONVERSATION   DIE UNTERHALTUNG   THE TALK

aussi bien la *Chanteuse de café-concert, Arlequin et Colombine, Un Café, Boulevard Montmartre, Miss Lala au Cirque Fernando,* et vous reconnaîtrez partout une même méthode, ce procédé du ton de pastel, vivifié par les hachures claires qui créent le modelé. Vous retrouverez, de l'un à l'autre, cette même vision des êtres et des choses, exprimée par un pessimiste, uniquement amoureux de la beauté qui peut composer le métier.

C'est un tel sentiment sans aucun doute qui a dû inspirer à M. Degas, „Les Blanchisseuses". Si nous éprouvions encore quelque difficulté à saisir sa manière de choisir les thèmes de son oeuvre, ce sujet nous libérerait de toute indécision. Pour adopter une telle anecdote, il faut, à priori, savoir qu'elle ne peut fournir qu'une occasion de virtuosité. Il ne peut être question, en s'arrêtant à la conter, que de traduire des gestes, que de montrer quelques beaux mouvements des muscles, quelques déformations anatomiques ou tares professionnelles, que de rendre quelques variétés de blanc — le blanc bleuté du linge à peine séché, encore tout fripé du lavage ou le blanc neigeux d'une chemise, ayant passé au glaçage du fer. A elles seules, elles vaudraient toute une étude, ces quelques oeuvres, que l'on ne peut qu'indiquer au cours d'une telle étude. Insensiblement, elles amènent l'artiste, par le souci de plus en plus évident qu'il prend de décrire des mouvements, des chairs, et des étoffes, à l'oeuvre essentielle qui révèle l'apogée de son effort, aux „Femmes à la toilette".

V.

Les femmes à la Toilette.

Peu à peu, en effet, l'art de ce véritable classique a atteint à la vertu même du classicisme, la simplicité. D'instinct, inconsciemment presque, il avait, à travers ses oeuvres antérieures, conservé ce goût perceptible de la nudité, cette vision persistante du corps humain par delà les étoffes. Les maîtres ont toujours cette préférence. A mesure que leur puissance s'affirme, que leur génie prend plus complètement connaissance de ses moyens, ils sacrifient à cette inclination. La série des „Femmes à la Toilette" réalise pleinement cet idéal.

Insensiblement, ainsi M. Degas rallie Ingres, qui fut, au reste, dès sa jeunesse, l'une de ses grandes admirations — admiration que partageaient tous ses amis du café Guerbois. Comme l'a très justement noté Camille Mauclair, dans son bel ouvrage sur *l'Impressionnisme,* qui contient la seule étude sérieuse consacrée è l'oeuvre de M. Degas, „l'impressionnisme et le réalisme moderne n'ont jamais cessé de révérer l'idéal d'Ingres, non dans ses pastiches de Raphaël, mais dans ses portraits et ses dessins; ils ont bien plus de sympathie pour le style caractériste et français que pour le romantisme qui, après Delacroix, est vite tombé dans la poncivité".

Dans ces oeuvres, il n'y a plus de sujet. L'anecdote, qu'entraînaient inévitablement après eux les thèmes, jusque là choisis par l'artiste, en dépit de sa sobriété, a disparu. L'unique objectif que se propose désormais le peintre, est de décrire le corps de la femme, dans le caprice de sa nudité, dans les attitudes que lui impose le souci de sa coquetterie, toujours en éveil. Désormais, aucun accessoire ne vient distraire notre jugement ni faciliter notre impression. Nous n'avons, sous nos yeux, que des „morceaux de nu" — disons le mot, des études.

Pour que de telles pages atteignent à la puissance et soient capables de rivaliser avec les oeuvres d'art les plus complètes, il faut que le peintre qui les a réalisées, soit doué de manière à peu près unique. Pour qu'à chaque pastel nouveau, nous nous arrêtions encore et qu'après l'analyse de quelques uns, nous ne jugions pas que le don de l'artiste se perd dans le procédé, il faut un tempérament d'une probité assez rare. Sans craindre de dépasser l'éloge permis, on peut, on doit reconnaître que ce sont ces mérites qui caractérisent plus particulièrement cette série de M. Degas. L'originalité qu'il avait toujours montrée dans la conception de ses études, s'est retrouvée ici, mais pour oser s'en parer, il fallait l'insouciance, qui a toujours été la sienne, à l'égard des préjugés courants. Si en effet, il était déjà courageux de dépeindre la danseuse, comme il l'a fait, sans crainte de blesser l'illusion que conserve avec entêtement, envers les grâces du corps de ballet, à peu près tout le monde, il était encore plus dangereux de peindre des femmes nues, qui ne fussent pas douées de toutes les perfections physiques.

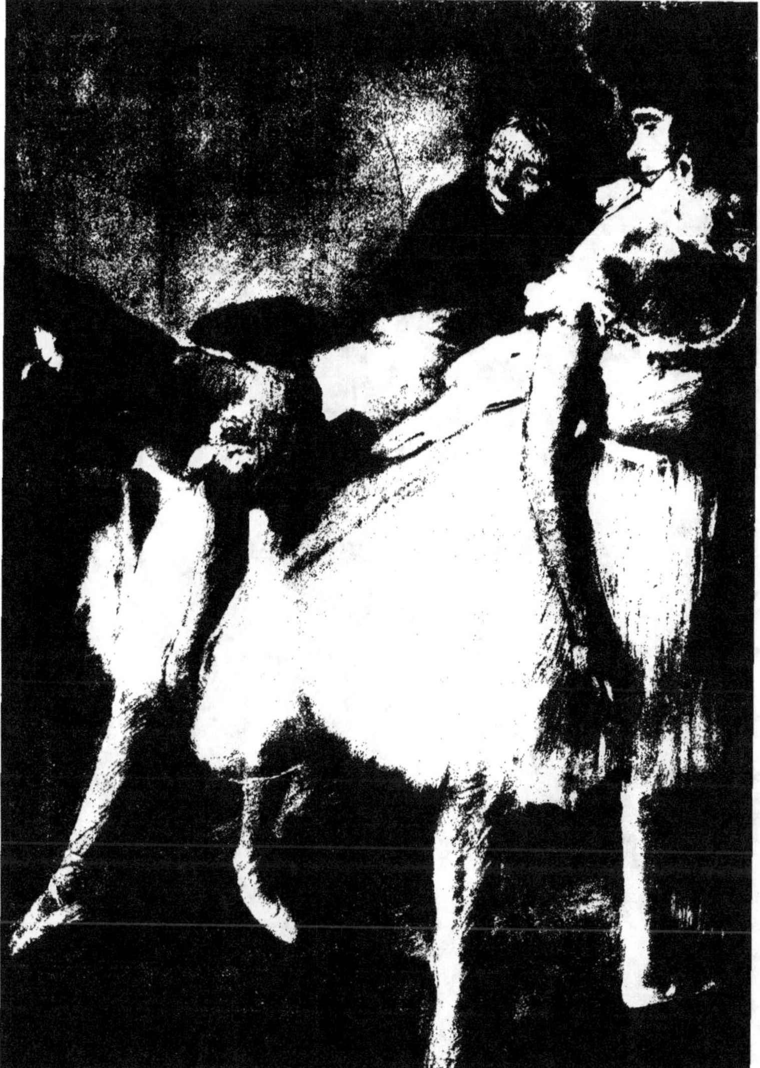

DANSEUSES À LEUR TOILETTE   TÄNZERINNEN BEI DER TOILETTE   DANCING GIRLS DRESSING

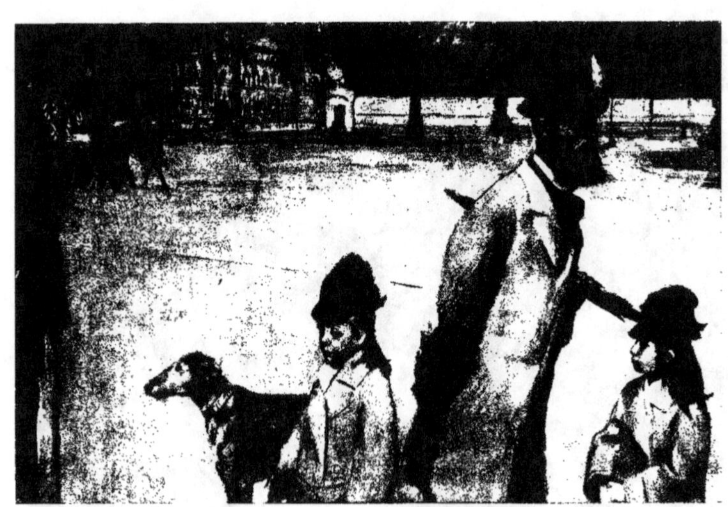

PLACE DE LA CONCORDE

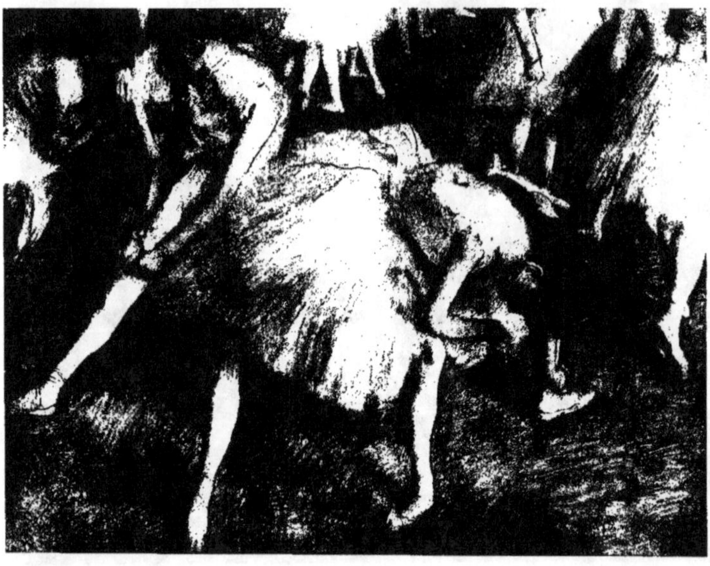

<table>
<tr><td>DANSEUSES</td><td>TÄNZERINNEN</td><td>DANCING GIRLS</td></tr>
</table>

Car, dans ce cas, non seulement on choquait les fanatiques de l'école, — et cela n'a rien qui puisse déplaire-mais encore on heurtait, en chemin, une théorie esthétique, après tout très défendable, celle qui consacre les oeuvres d'art, à l'unique description du Beau, conforme aux canons antiques, au rythme du corps, fixé par la statuaire grecque.

A la rigueur, on eût admis peut-être que le visage ne réalisât pas ces perfections idéales, très rares sans doute-et c'est pour s'en être tenu à ce demi-courage que les nus de Manet et de M. Renoir sont moins révolutionnaires que ceux de M. Degas — mais que l'on étendît, de propos délibéré, aux corps, les déformations imposées par les contraintes naturelles ou artificielles de notre société, c'était tenter une oeuvre d'une audace si grande qu'il fallait une personnalité exceptionnelle, pour l'oser.

M. Degas l' entreprit cependant, avec simplicité. Fidèle à cette esthétique qui l'avait guidé depuis ses premières oeuvres, le jour où il aborda l'étude du nu, il conforma cette étude à sa théorie. Il ne voulut pas, d'imagination, composer des corps, d'après l'antique. Il copia la vérité, les corps qu'il avait à poser devant lui. D'une sincérité qui effaroucha au début, les plus vaillants même, ayant fait dévêtir dans son atelier des modèles, il les dessina telles qu'elles étaient, belles filles sans doute, mais déformées, alourdies, par les tares qu'impose aux siens une société où, le nu n'existe plus, où le vêtement, le corset, les aventures de la vie moderne révèlent au deshabillé, leurs méfaits.

Ainsi s'élabora peu à peu cette série, d'une sincérité troublante, d'une vérité qui nous fait mal, alors même que nous nous inclinons devant les documents qu'elle nous offre. Non seulement, c'est notre accoutumance de la beauté qui s'émeut et s'indigne devant ces misères, mais c'est le patrimoine inaliénable de romanesque, légué par les générations, qui se trouve brusquement atteint. M. Degas a beau n'avoir fait, comme Maupassant, que décrire „l'humble vérité", le passé nous a façonnés de telle façon que, malgré que nous voyions, chaque jour, sous nos yeux, ces mêmes corps tels que les dessine l'artiste, affligés des mêmes déformations, nous ne savons les reconnaître. Qu'une maîtresse détache sous notre regard ses parures, les linons qui vêtent son corps;

qu'elle dégrafe son corset, ses jarretelles ou ses jarretières, tous les liens qui pressent sa chair et la meurtrissent, nous ne voulons pas consentir aux tares, inscrites par toutes ces coquetteries malsaines.

Et je sais bien l'argument que notre invincible aveuglement oppose à de telles révélations. On dit que ce sont là des empreintes passagères, des plis marqués sur le torse, sur les flancs, sur le ventre, sur la croupe de la femme, qui persistent seulement quelques heures, et qu'après, toutes ces traces disparaissent... C'est là l'erreur fondamentale de nos sensualités exaspérées. A force d'être enfermés dans les boîtes rituelles, les petits pieds des Chinoises sont devenus des moignons; la beauté féminine, dans les races indo-européennes, a subi de même l'empreinte des carcans, où elle enfermait son jeune corps; et, de génération en génération, les lignes se sont déformées, les galbes se sont alourdis. Tous les mystères de l'intimité ont métamorphosé le corps au point de l'éloigner des formes divines, sculptées par la nature.

Et le génie de M. Degas, qui analyse avant de reconstituer, semble avoir prévu ces propos de mauvaise foi. Il décrit toujours la femme, non point à l'heure de son coucher, comme l'eussent fait vraisemblablement les maîtres libertins du XVIIIème... Il la surprend au lever, alors que la nuit entière a fait son oeuvre et reposé les chairs fatiguées. La voici, au saut du lit, entrant dans le tub, ou sortant de sa baignoire, penchant la fleur de ses seins sur l'eau de la large cuvette, comme deux nénuphars nacrés flottant dans l'onde glauque. Et cependant, partout, en toutes occasions, l'oeil de l'artiste rencontre les ombres indélébiles, creusées aux plis des chairs, malgré le repos, les bouffissures, qui résistent au massage, à l'hygiène de l'eau glacée, les empâtements du bassin, déformé par les grossesses-ou les avortements... — par l'action du corset, serré de manière ridicule. Les reins sont marqués à jamais par le lacets et les ferrures du corset qui, sournoisement, ont pesé sur les vertèbres, rendus visibles ainsi. Les omoplates saillent, déplacées à force d'être comprimées. La croupe s'élargit en méplats imprévus. De face, voyez ces seins „peaussus“, alourdis par des maternités anémiques, déformés par des caresses trop prolongées. Le ventre a perdu cette ligne qui laissait à la femme antique un peu de sa pudeur

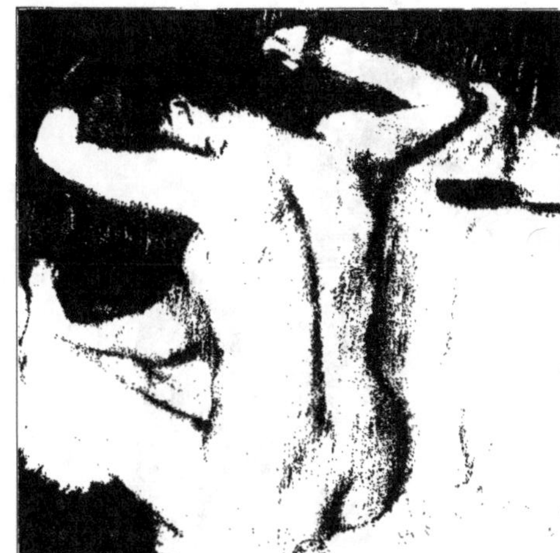

LA TOILETTE
TOILETTE
THE TOILET

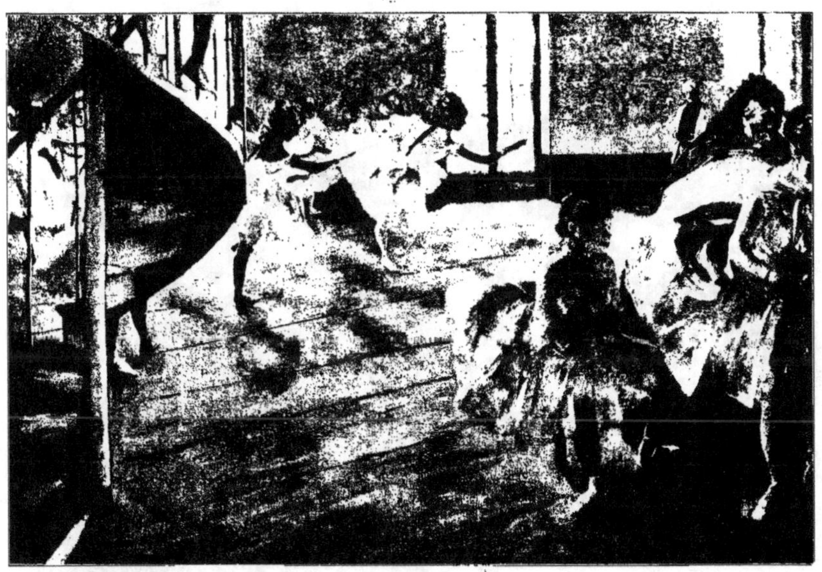

LA REPÉTITION DE DANSE   TANZPROBE   THE DANCE REHEARSAL

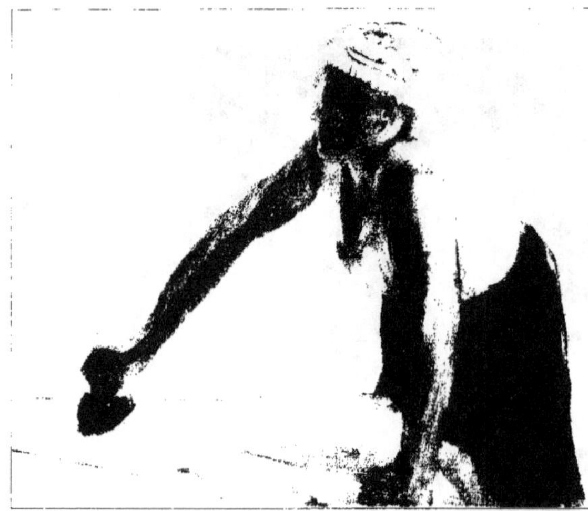

LA REPASSEUSE
DIE PLÄTTERIN
THE IRONER ○

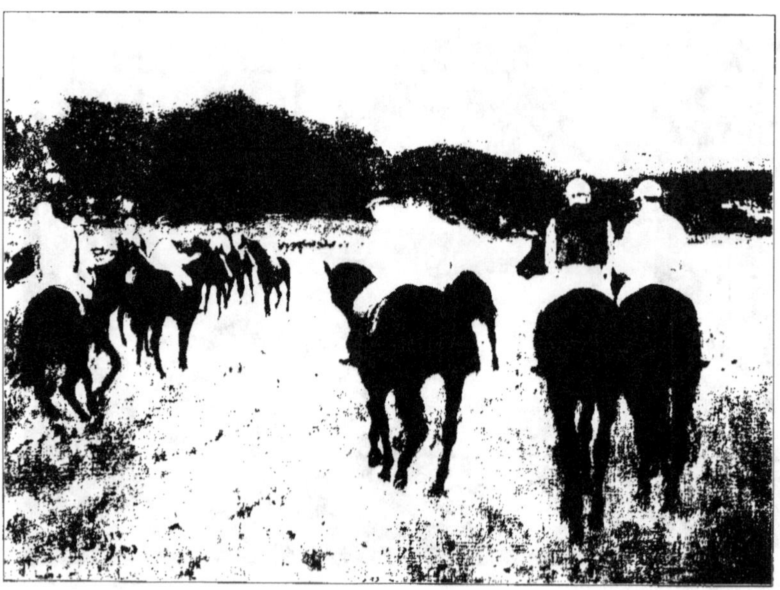

CHEVAUX DE COURSES   RENNPFERDE   RACE HORSES

mystérieuse de jeune fille. Veiné de vergétures brillantes, il pèse lourdement sur le sexe mal dessiné, mal touffu, qui se perd dans la mollesse des cuisses hésitantes. La vérité ici, devient clinique; tout cet art admirable semble l'illustration d'un traité de médecine. Sincérité admirable d'un artiste, qui a préféré aux académies d'Ecole, la description de la réalité!

On éprouve, devant cette oeuvre, un sentiment indéfinissable. On comprend toute l'attirance qu'elle offrait à réaliser. On mesure à peu près exactement l'amplitude intellectuelle qui convint pour l'accomplir. Les modelés ont une telle consistance, les volumes sont si justement évalués et les plans observés que l'on pense, sans pouvoir éluder ce rapprochement, à l'oeuvre statuaire de Rodin. Mais, en même temps une autre comparaison s'impose. Des vers de Baudelaire nous remontent irrésistiblement à la mémoire. . . .

C'est que ces corps réalisent toute une philosophie inconsciente. C'est que, sans idée antérieure, ils traduisent une conception féminine, à la fois très moderne et médiévale. C'est qu'à contempler ces nudités, d'un réalisme parfait, on évoque des philosophes, des poètes, des mystiques, des artistes d'autrefois.

Je sais bien qu'en fait, M. Degas, pur technicien, n'a pas préparé ces évocations. Mais elles s'imposent. Même de manière incertaine, nous savons trop le passé pour éviter ces associations d'idées. Ces sortes de femme, qui ont des grâces serpentines et des rudesses douloureuses, appellent à notre mémoire le souvenir des misogynies légendaires, celles qui recouvrent de brutalités les plus grandes tendresses, les timidités les plus ardentes qui soient jamais montées vers la femme....

Cet art est fait à la fois — involontairement, je ne saurais trop le redire — de chasteté et de luxure, de pudeur et de vice. Ces anatomies scrupuleuses, traitées uniquement pour le souci de la forme, attirent le cortège de nos connaissances. Ces dos osseux, aux vertèbres de félin, ont la rigueur de planches anatomiques et, en même temps, à les contempler, on devine toute la force nerveuse que dissimulent ces armatures fragilement sculptées, évidées peu à peu par les dégéneres-

cences. Toute l'animalité onduleuse, toute la ruse chaude, toute la souplesse lascive de la femelle, de:
La femme, être malade et douze fois impur,
sont inscrites sur cet écorché, si simple, si précis, traité de manière si grave. La lutte des sexes se révèle, troublante, aux chapitres de cette oeuvre, savante et saine d'intention cependant. . . .

Il est une page de M. Degas qui ne rentre pas dans aucune série, qui fonde un tout par elle-même et qui est peut-être, parmi ces chefs-d'oeuvre, le chef-d'oeuvre. Tous les pastels et toutes les toiles pourraient être engloutis par un cataclysme: si elle demeurait, elle imposerait son nom à l'admiration et l'avenir. Certains la connaissent à tout sous ce titre: *le Viol*, que l'on lui donna lorsqu'elle fut écrite, en 1875. Au jourd'hui, on l'appelle *Intérieur*. Elle synthétise à la fois le plus grand art et cette pensée de l'artiste que j'ai tentée d'analyser.

Un homme et une fillette sont réunis dans une chambre modeste-chambre de petit bourgeois ou chambre meublée. Des objets indifférents aux murs, une carte-mappemonde au dessus d'une commode banale, une gravure sans art au dessus du petit lit de fer, virginal et sans volupté. Sur la cheminée, où grésille un feu rouge, un motif banal qui se reflète dans la glace. Un guéridon au milieu de la pièce, sur lequel pose une boîte à ouvrage ouverte, en désordre. L'enfant travaillait une lampe éclaire sournoisement, paisiblement le décor. Par terre, quelques carpettes, vulgaires. Tout cet accessoire est traité de main de maître. L'acajou du meuble, le papier à fleurs de la muraille, l'intérieur rose de la boîte sont hallucinants de vérité.

Rien n'est dérangé dans la pièce. Mais, sur une chaise, près de la table, la fillette vêtue d'un jupon modeste, la tête perdue dans ses mains, pleure: c'est la petite ouvrière surprise par l'homme qui a perdu la tête et qui, son acte accompli, a fui jusqu'à l'autre extrémité de la pièce s'appuyer à la muraille, le sang-froid revenu à contempler cette détresse. Ce bourgeois qui n'est peut-être pas un mauvais homme voit son oeuvre et cependant il n'est pas entièrement apaisé. Une flamme de luxure brille encore dans son regard — oh! ce point blanc, lumineux, sur la prunelle! —; il regarde la scène précisée par le corset banal

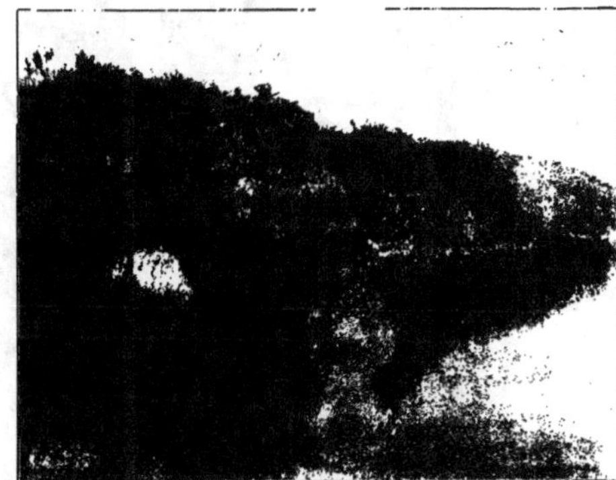

BORD DE RIVIERE
FLUSS-UFER ● ● ●
RIVERSIDE ○ ○ ○ ○

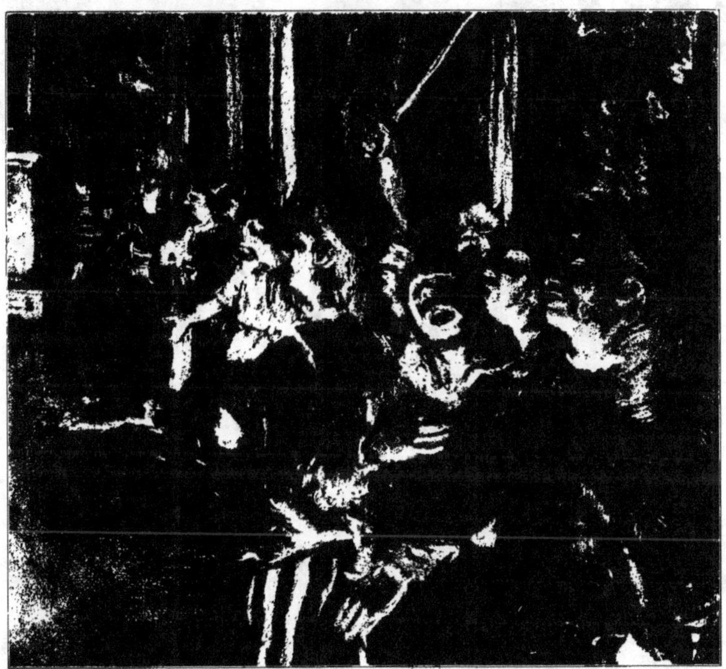

LES FIGURANTS
DIE STATISTEN
THE FIGURANTS

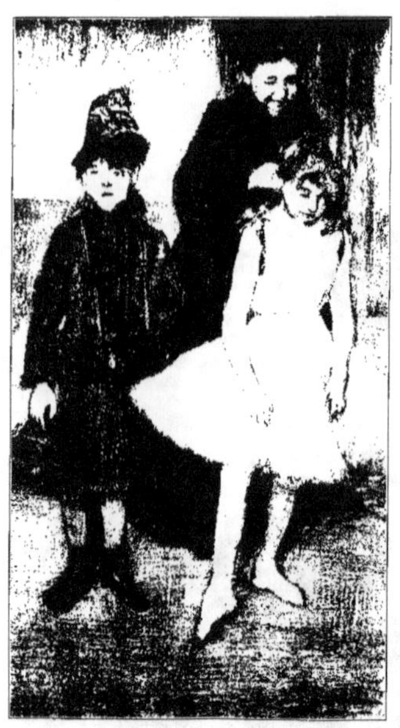

LA FAMILLE M.
DIE FAMILIE M.
THE M. FAMILY

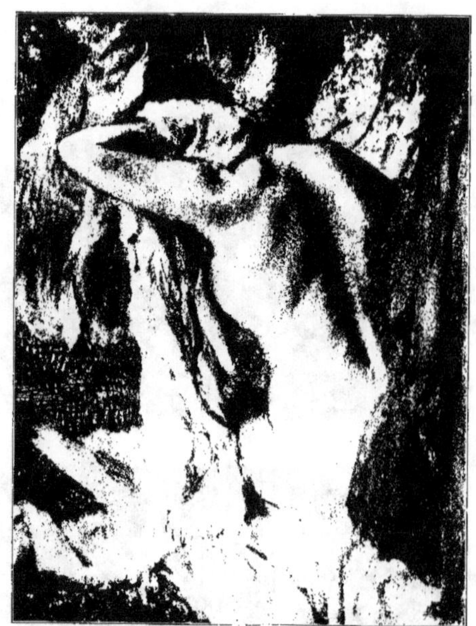

APRÈS LE BAIN
NACH DEM BADE
AFTER THE BATH

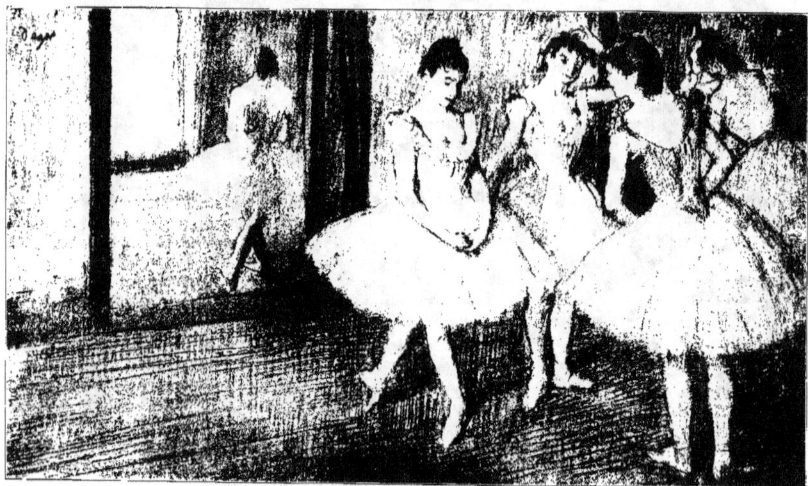

AU FOYER DE LA DANSE — IM FOYER DER TÄNZERINNEN — IN THE DANCER'S FOYER

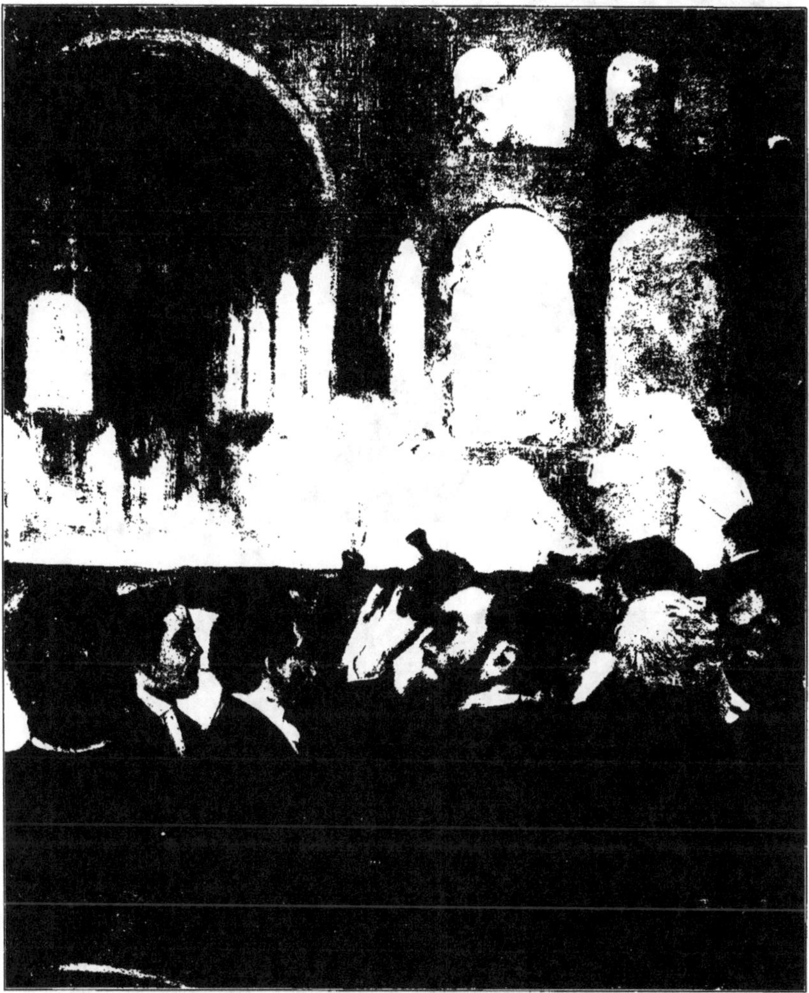

LE BALLET DE «ROBERT-LE-DIABLE»   BALLET AUS „ROBERT DER TEUFEL"   BALLET FROM "ROBERT THE DEVIL"

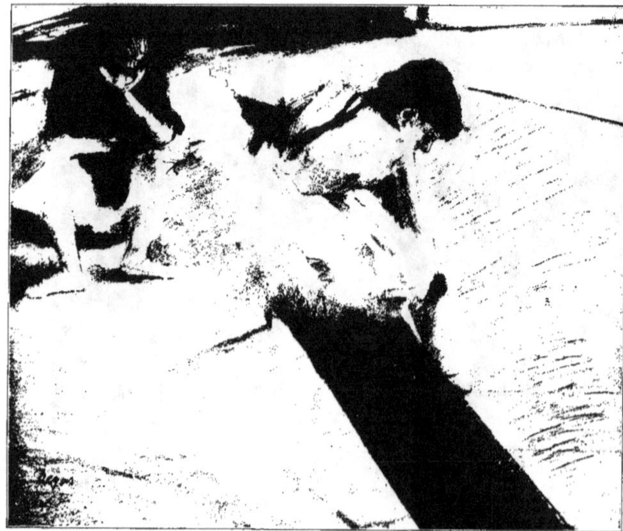

DANSEUSES AU REPOS o o
PAUSE DER TÄNZERINNEN
DANCING GIRLS AT REST o

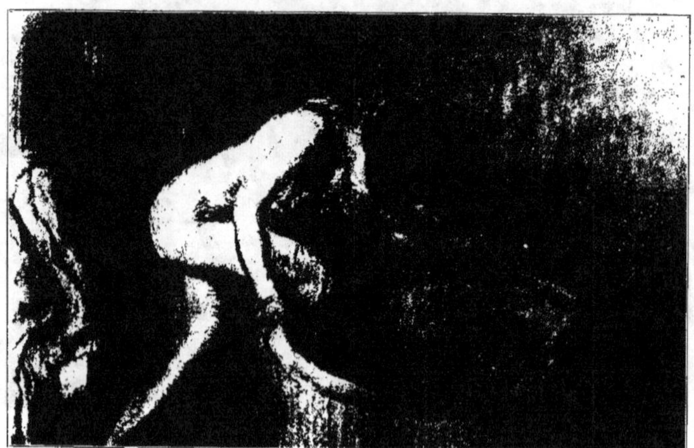

FEMME PRENANT UN BAIN
BADENDE FRAU o o o o o
BATHING WOMAN o o o o o

qui est demeuré à terre, le lacet lâche, symbole sans dramatique superflu, d'une sobriété puissante.

Il faut avoir vu cette oeuvre pour comprendre l'entière psychologie de M. Degas, pour mieux saisir sa conception de la femme, telle que j'essayais tout à l'heure de la saisir. Timidité, perspicacité, sincérité — tout son art est contenu dans cette oeuvre, qui a son analyse, son explication dans les „Femmes à la Toilette".

Il fallait pour oser cette dernière série, un artiste indifférent au succès. Mais en même temps, c'était une tâche attirante pour un pastelliste. Par les hachures brunes ou bleues, par les bistres équivoques, M. Degas a su reconstituer ces modelés tératologiques et mystérieux, que dissimulent les atours et qui procurent la désillusion finale.

Et cependant, ce n'est point tout encore. M. Degas possède un moyen d'expression supérieur, plus complet que les autres maîtres. Grâce aux jeux de la lumière, tamisée ou rude, entrant par les fenêtres, dans ces boudoirs, ces cabinets de toilettes ou ces salles de bain, il peut pousser plus loin son analyse. Il est véritablement, comme on l'a nommé „le maître des contrejours". Après l'oeuvre délimitant les formes par les volumes, voici le pastel qui rend les reliefs plus exacts encore par ses nuances infinies; et c'est vraiment alors, si l'on peut dire, l'apothéose du talent de ce maître.

Sans indulgence, sans satire, dans la pleine virtuosité de son génie, il se sert de tous les éléments, de toutes les matières, de tous les procédés, de toutes les inventions, pour parfaire son oeuvre. Ici, la plupart des critiques se sont trompés. Ils ont cru que le peintre avait traité, comme le fait M. Renoir, l'accessoire, le décor pour lui-même. Erreur. . . : Les étoffes des draperies, des meubles, des peignoirs n'ont de valeur que par rapport aux carnations de la baigneuse. Les nuances les plus vives des rideaux d'indienne, les velours, les lingeries, tout concourt à faire apparaître, dans une plus grande vérité, par apport ou par contraste, les tonalités de la chair, les hideurs d'un nu décomposé par l'existence moderne. Si précises, si parfaites que soient les fleurs, les arabesques, les coloris à son entour, ils ne sont poussés ainsi que pour entrer dans la gamme des jaunes, des verts, des bistres, des bleus ou des roses qui situent les régions du corps lassé de la femme. Et les hachures elles-mêmes, violentes ou légères, les éraflures du crayon, les inventions du pastel n'interviennent qu'à ce titre. Tout apparaît en valeur de la description de ces corps amoureusement, amèrement et douloureusement décrits.

VI.

L'oeuvre de M. Degas.

Aujourd'hui, M. Degas ayant accompli l'oeuvre de sa volonté et de son instinct, ayant réalisé l'effort que lui commandait son tempérament, jouit, en virtuose, et en sceptique, de la tâche accomplie. Les querelles d'Ecole, à son propos, sont éteintes. Il voit à l'honneur les Impressionnistes, si rudement bafoués jadis. Il sait que les générations nouvelles aiment ses jockeys, ses danseuses, ses nus, même lorsqu'elles ne les comprennent pas. Il est d'un snobisme avantageux, parmi les contemporains, de les louer, comme jadis, de les ridiculiser. M. Degas ne s'émeut pas plus de cette consécration qu'aux temps héroïques, des brocarts.

Toute son oeuvre fut conçue à l'ombre d'une philosophie. Il avait confiance dans le temps; même incompris à jamais, il eût suffi à la sérénité du soir de sa vie, d'avoir réalisé son idéal.

Ses trois suites importantes, préservent à jamais son nom de l'oubli. Elles le conduiront à la plus lontaine postérité. Dans les musées, auprès de ses maîtres favoris, qu'il a tant aimés pour leur sincérité, elle accrochera ses toiles ou ses pastels. Mais l'avenir retiendra aussi d'autres oeuvres, qui sont moins connues, ses portraits, loyaux et solides, traités à l'huile mais sans bitume, avec une légèreté de matière qui révèle une rare sûreté de main. Il faut connaître cette „Vieille Mendiante" qu'il peignit à ses débuts et qui est déjà d'un art si complet, les portraits de *M. Altès*, cette esquisse de *M. Tourny*, faite à Rome en 1857, „*La Savoisienne*" d'un classicisme qui s'apparente à celui d'Holbein, „*Le portrait de Melle Daubigny* qui passa en vente, ces temps derniers — lors de la dispersion de la collection Chéramy — et qui atteignit aux prix élevés.

Dans quelque genre qu'il se soit manifesté, on retrouve les qualités et les défauts caractéristiques de sa manière. Les qualités sont in-

AVANT LA COURSE   VOR DEM RENNEN   BEFORE THE RACE

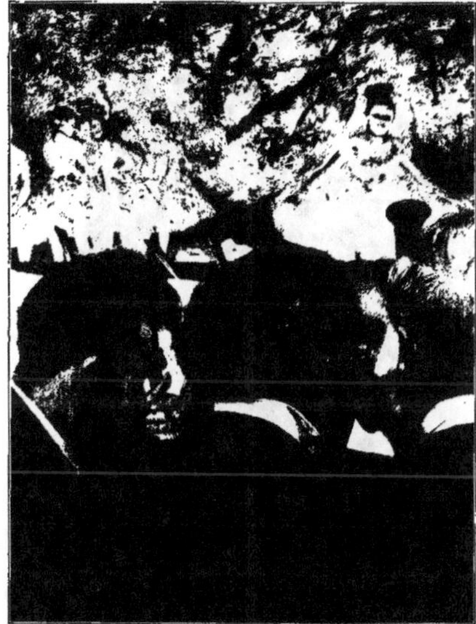

MUSICIENS À L'ORCHESTRE • •
MUSIKANTEN IM ORCHESTER •
MUSICIANS IN THE ORCHESTRA

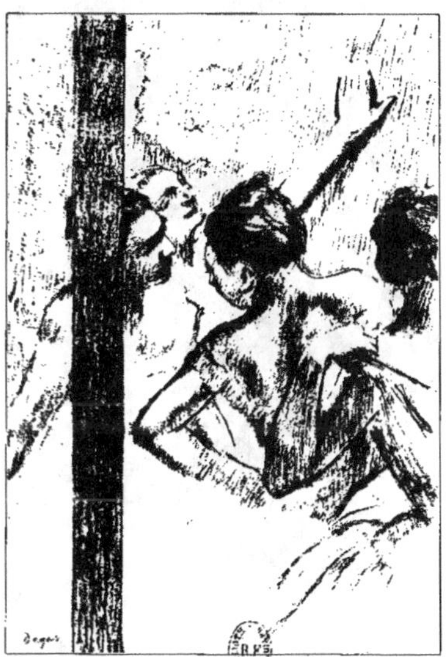

DANSEUSES • •
TÄNZERINNEN •
DANCING GIRLS

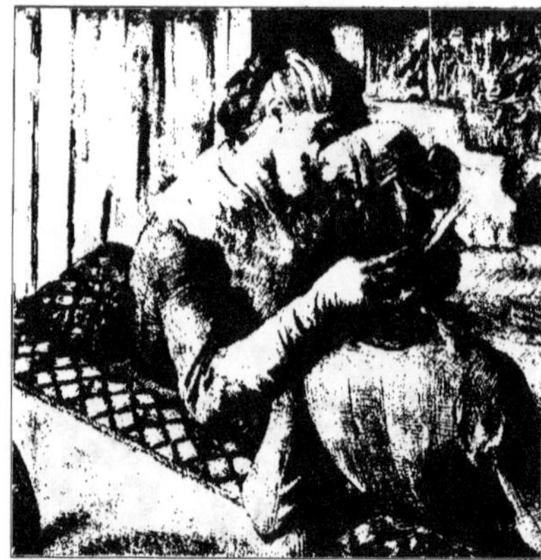

CHEZ LA MODISTE • • •
BEI DER PUTZMACHERIN
AT THE MILLINER'S • • •

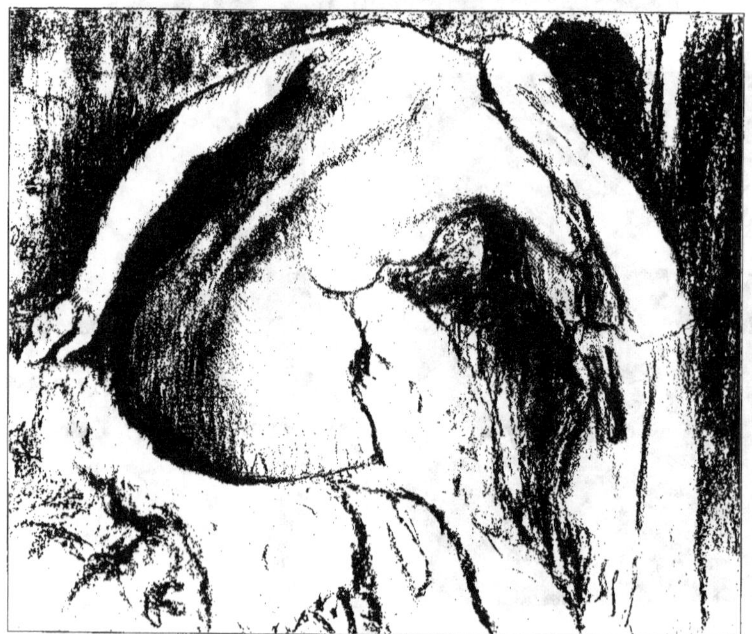

LA TOILETTE   TOILETTE   THE TOILET

discutables. Les défauts comportent l'examen et seront toujours relevés, de préférence par les amateurs. Un véritable ami de l'art ne songera jamais à reprocher à M. Degas d'avoir été presque exclusivement le peintre de la laideur. Un artiste est maître de ses sujets et toujours il s'intéressera davantage aux modèles marqués par la vie, balafrés par le vice, les tares professionnelles ou sociales. Un visage, qui porte les traces de l'existence, présente un „caractère" plus intéressant à fixer qu'une professionelle beauté. Et dans notre civilisation, ne sont — ce pas d'ailleurs ceux là qui sont les plus fréquents?

De toutes façons, il semble que l'ensemble de cette oeuvre soit réservé à l'immortalité. Parmi les quelques maîtres qui foudèrent la gloire de la peinture française, pendant la seconde moitié du XIX siècle il est un de ceux qui approchèrent le plus de cette perfection humaine, qui n'est encore que de l'imparfait. Parmi les Impressionnistes même il est le plus classique-au sens élevé de ce mot, et le plus moderne tout ensemble. Pour l'avenir, il a fixé de manière définitive quelques-unes de nos manières d'être, quelques visions particulières de notre époque. Il a dessiné l'image la plus exacte de la Femme contemporaine.

Grâce à une volonté savante, incapable d'à coups, cet artiste qui était aussi bien doué au point de vue de l'intelligence générale que de l'intelligence particulière à son métier, a su résister aux tentations de son esprit, qui eussent amoindri son oeuvre en lui donnant un caractère partial. Il a vu et il a traduit fidèlement, dans une langue très personnelle.

D'une acuité de vision prodigieuse, d'un modernisme à la fois minutieux et large, il a exprimé le mouvement, les gestes, les lumières avec une précision, une sincérité, une maîtrise technique qui étonnent davantage, à mesure que l'on avance dans l'étude de son oeuvre. Oeuvre triste sans doute, si l'on s'arrête à l'anecdote, à l'apparence, oeuvre superbe de vie et d'art si l'on creuse la formule et si l'on recherche une joie esthétique. Oeuvre définitive de toutes façons, qui en impose à l'analyste consciencieux, qui revêt les caractères des chefs-d'oeuvre et qui grandira sans doute, lorsque les siècles auront déposé sur elle, leur patine souveraine et sublime.   GEORGES GRAPPE.

INDEX DES TABLEAUX